贝克通识文库

李雪涛 主编

骑士
历史与文化

［德］约阿希姆·埃勒斯　著

袁克秀　译

北京出版集团
北京出版社

著作权合同登记号：图字 01-2021-7319

DIE RITTER by Joachim Ehlers, 2nd ed. 2009
© Verlag C.H.Beck oHG, München 2009

图书在版编目（CIP）数据

骑士：历史与文化 /（德）约阿希姆·埃勒斯著；
袁克秀译. — 北京：北京出版社，2024.9
书名原文：DIE RITTER
ISBN 978-7-200-18661-1

Ⅰ.①骑… Ⅱ.①约… ②袁… Ⅲ.①骑士（欧洲中世纪）—历史 Ⅳ.① D59

中国国家版本馆 CIP 数据核字（2024）第 092805 号

总 策 划：高立志 王忠波   选题策划：王忠波
责任编辑：王忠波   责任营销：猫 娘
责任印制：燕雨萌   装帧设计：吉 辰

骑士
历史与文化
QISHI

[德] 约阿希姆·埃勒斯 著
袁克秀 译

出　　版 北京出版集团
　　　　　北 京 出 版 社
地　　址 北京北三环中路 6 号
邮　　编 100120
网　　址 www.bph.com.cn
总 发 行 北京伦洋图书出版有限公司
印　　刷 河北鑫玉鸿程印刷有限公司
经　　销 新华书店
开　　本 880 毫米×1230 毫米 1/32
印　　张 5
字　　数 94 千字
版　　次 2024 年 9 月第 1 版
印　　次 2024 年 9 月第 1 次印刷
书　　号 ISBN 978-7-200-18661-1
定　　价 49.00 元

如有印装质量问题，由本社负责调换
质量监督电话　010-58572393

接续启蒙运动的知识传统

——"贝克通识文库"中文版序

一

我们今天与知识的关系，实际上深植于17—18世纪的启蒙时代。伊曼努尔·康德（Immanuel Kant，1724—1804）于1784年为普通读者写过一篇著名的文章《对这个问题的答复：什么是启蒙？》（*Beantwortung der Frage: Was ist Aufklärung?*），解释了他之所以赋予这个时代以"启蒙"（Aufklärung）的含义：启蒙运动就是人类走出他的未成年状态。不是因为缺乏智力，而是缺乏离开别人的引导去使用智力的决心和勇气！他借用了古典拉丁文学黄金时代的诗人贺拉斯（Horatius，前65—前8）的一句话：Sapere aude！呼吁人们要敢于去认识，要有勇气运用自己的智力。[1] 启蒙运动者相信由理性发展而来的知识可

1　Cf. Immanuel Kant, *Beantwortung der Frage: Was ist Aufklärung?* In: *Berlinische Monatsschrift*, Bd. 4, 1784, Zwölftes Stück, S. 481–494. Hier S. 481. 中文译文另有：（1）"答复这个问题：'什么是启蒙运动？'"见康德著，何兆武译：《历史理性批判文集》，商务印书馆1990年版（2020年第11次印刷本，上面有2004年写的"再版译序"），第23—32页。（2）"回答这个问题：什么是启蒙？"见康德著，李秋零主编：《康德著作全集》（第8卷·1781年之后的论文），中国人民大学出版社2013年版，第39—46页。

以解决人类存在的基本问题，人类历史从此开启了在知识上的启蒙，并进入了现代的发展历程。

　　启蒙思想家们认为，从理性发展而来的科学和艺术的知识，可以改进人类的生活。文艺复兴以来的人文主义、新教改革、新的宇宙观以及科学的方法，也使得17世纪的思想家相信建立在理性基础之上的普遍原则，从而产生了包含自由与平等概念的世界观。以理性、推理和实验为主的方法不仅在科学和数学领域取得了令人瞩目的成就，也催生了在宇宙论、哲学和神学上运用各种逻辑归纳法和演绎法产生出的新理论。约翰·洛克（John Locke，1632—1704）奠定了现代科学认识论的基础，认为经验以及对经验的反省乃是知识进步的来源；伏尔泰（Voltaire，1694—1778）发展了自然神论，主张宗教宽容，提倡尊重人权；康德则在笛卡尔理性主义和培根的经验主义基础之上，将理性哲学区分为纯粹理性与实践理性。至18世纪后期，以德尼·狄德罗（Denis Diderot，1713—1784）、让-雅克·卢梭（Jean-Jacques Rousseau，1712—1778）等人为代表的百科全书派的哲学家，开始致力于编纂《百科全书》（*Encyclopédie*）——人类历史上第一部致力于科学、艺术的现代意义上的综合性百科全书，其条目并非只是"客观"地介绍各种知识，而是在介绍知识的同时，夹叙夹议，议论时政，这些特征正体现了启蒙时代的现代性思维。第一卷开始时有一幅人类知识领域的示意图，这也是第一次从现代科学意义上对所有人类知识进行分类。

实际上，今天的知识体系在很大程度上可以追溯到启蒙时代以实证的方式对以往理性知识的系统性整理，而其中最重要的突破包括：卡尔·冯·林奈（Carl von Linné，1707—1778）的动植物分类及命名系统、安托万·洛朗·拉瓦锡（Antoine-Laurent Lavoisier，1743—1794）的化学系统以及测量系统。[1]这些现代科学的分类方法、新发现以及度量方式对其他领域也产生了决定性的影响，并发展出一直延续到今天的各种现代方法，同时为后来的民主化和工业化打下了基础。启蒙运动在18世纪影响了哲学和社会生活的各个知识领域，在哲学、科学、政治、以现代印刷术为主的传媒、医学、伦理学、政治经济学、历史学等领域都有新的突破。如果我们看一下19世纪人类在各个方面的发展的话，知识分类、工业化、科技、医学等，也都与启蒙时代的知识建构相关。[2]

由于启蒙思想家们的理想是建立一个以理性为基础的社会，提出以政治自由对抗专制暴君，以信仰自由对抗宗教压迫，以天赋人权来反对君权神授，以法律面前人人平等来反对贵族的等级特权，因此他们采用各民族国家的口语而非书面的拉丁语进行沟通，形成了以现代欧洲语言为主的知识圈，并创

1　Daniel R. Headrick, *When Information Came of Age: Technologies of Knowledge in the Age of Reason and Revolution, 1700-1850.* Oxford University Press, 2000, p. 246.

2　Cf. Jürgen Osterhammel, *Die Verwandlung der Welt: Eine Geschichte des 19. Jahrhunderts.* München: Beck, 2009.

造了一个空前的多语欧洲印刷市场。[1]后来《百科全书》开始发行更便宜的版本，除了知识精英之外，普通人也能够获得。历史学家估计，在法国大革命前，就有两万多册《百科全书》在法国及欧洲其他地区流传，它们成为向大众群体进行启蒙及科学教育的媒介。[2]

　　从知识论上来讲，17世纪以来科学革命的结果使得新的知识体系逐渐取代了传统的亚里士多德的自然哲学以及克劳迪亚斯·盖仑（Claudius Galen，约129—200）的体液学说（Humorism），之前具有相当权威的炼金术和占星术自此失去了权威。到了18世纪，医学已经发展为相对独立的学科，并且逐渐脱离了与基督教的联系："在（当时的）三位外科医生中，就有两位是无神论者。"[3]在地图学方面，库克（James Cook，1728—1779）船长带领船员成为首批登陆澳大利亚东岸和夏威夷群岛的欧洲人，并绘制了有精确经纬度的地图，他以艾萨克·牛顿（Isaac Newton，1643—1727）的宇宙观改变了地理制图工艺及方法，使人们开始以科学而非神话来看待地理。这一时代除了用各式数学投影方法制作的精确地图外，制

1　Cf. Jonathan I. Israel, *Radical Enlightenment: Philosophy and the Making of Modernity 1650-1750.* Oxford University Press, 2001, p. 832.

2　Cf. Robert Darnton, *The Business of Enlightenment: A Publishing History of the Encyclopédie, 1775-1800.* Harvard University Press, 1979, p. 6.

3　Ole Peter Grell, Dr. Andrew Cunningham, *Medicine and Religion in Enlightenment Europe.* Ashgate Publishing, Ltd. , 2007, p. 111.

图学也被应用到了天文学方面。

正是借助于包括《百科全书》、公共图书馆、期刊等传播媒介，启蒙知识得到了迅速的传播，同时也塑造了现代学术的形态以及机构的建制。有意思的是，自启蒙时代出现的现代知识从开始阶段就是以多语的形态展现的：以法语为主，包括了荷兰语、英语、德语、意大利语等，它们共同构成了一个跨越国界的知识社群——文人共和国（Respublica Literaria）。

当代人对于知识的认识依然受启蒙运动的很大影响，例如多语种读者可以参与互动的维基百科（Wikipedia）就是从启蒙的理念而来："我们今天所知的《百科全书》受到18世纪欧洲启蒙运动的强烈影响。维基百科拥有这些根源，其中包括了解和记录世界所有领域的理性动力。"[1]

二

1582年耶稣会传教士利玛窦（Matteo Ricci，1552—1610）来华，标志着明末清初中国第一次规模性地译介西方信仰和科学知识的开始。利玛窦及其修会的其他传教士入华之际，正值欧洲文艺复兴如火如荼进行之时，尽管囿于当时天主教会的意

1　Cf. Phoebe Ayers, Charles Matthews, Ben Yates, *How Wikipedia Works: And How You Can Be a Part of It.* No Starch Press, 2008, p. 35.

识形态，但他们所处的时代与中世纪迥然不同。除了神学知识外，他们译介了天文历算、舆地、水利、火器等原理。利玛窦与徐光启（1562—1633）共同翻译的《几何原本》前六卷有关平面几何的内容，使用的底本是利玛窦在罗马的德国老师克劳（Christopher Klau/Clavius，1538—1612，由于他的德文名字 Klau 是钉子的意思，故利玛窦称他为"丁先生"）编纂的十五卷本。[1]克劳是活跃于16—17世纪的天主教耶稣会士，其在数学、天文学等领域建树非凡，并影响了包括伽利略、笛卡尔、莱布尼茨等科学家。曾经跟随伽利略学习过物理学的耶稣会士邓玉函 [Johann(es) Schreck/Terrenz or Terrentius，1576—1630] 在赴中国之前，与当时在欧洲停留的金尼阁（Nicolas Trigault，1577—1628）一道，"收集到不下七百五十七本有关神学的和科学技术的著作；罗马教皇自己也为今天在北京还很著名、当年是耶稣会士图书馆的'北堂'捐助了大部分的书籍"。[2]其后邓玉函在给伽利略的通信中还不断向其讨教精确计算日食和月食的方法，此外还与中国学者王徵（1571—1644）合作翻译《奇器图说》（1627），并且在医学方面也取得了相当大的成就。邓玉函曾提出过一项规模很大的有关数学、几何

1　*Euclides Elementorum Libri XV*, Rom 1574.

2　蔡特尔著，孙静远译：《邓玉函，一位德国科学家、传教士》，载《国际汉学》，2012年第1期，第38—87页，此处见第50页。

学、水力学、音乐、光学和天文学（1629）的技术翻译计划，[1]
由于他的早逝，这一宏大的计划没能得以实现。

在明末清初的一百四十年间，来华的天主教传教士有五百
人左右，他们当中有数学家、天文学家、地理学家、内外科医
生、音乐家、画家、钟表机械专家、珐琅专家、建筑专家。这
一时段由他们译成中文的书籍多达四百余种，涉及的学科有宗
教、哲学、心理学、论理学、政治、军事、法律、教育、历
史、地理、数学、天文学、测量学、力学、光学、生物学、医
学、药学、农学、工艺技术等。[2]这一阶段由耶稣会士主导的
有关信仰和科学知识的译介活动，主要涉及中世纪至文艺复兴
时期的知识，也包括文艺复兴以后重视经验科学的一些近代科
学和技术。

尽管耶稣会的传教士们在17—18世纪的时候已经向中国
的知识精英介绍了欧几里得几何学和牛顿物理学的一些基本知
识，但直到19世纪50—60年代，才在伦敦会传教士伟烈亚力
（Alexander Wylie，1815—1887）和中国数学家李善兰（1811—
1882）的共同努力下补译完成了《几何原本》的后九卷；同样
是李善兰、傅兰雅（John Fryer，1839—1928）和伟烈亚力将牛

---

1 蔡特尔著，孙静远译：《邓玉函，一位德国科学家、传教士》，载《国际汉学》，
2012年第1期，第58页。

2 张晓编著：《近代汉译西学书目提要：明末至1919》，北京大学出版社2012年版，
"导论"第6、7页。

顿的《自然哲学的数学原理》（*Philosophiae Naturalis Principia Mathematica*，1687）第一编共十四章译成了汉语——《奈端数理》（1858—1860）。[1]正是在这一时期，新教传教士与中国学者密切合作开展了大规模的翻译项目，将西方大量的教科书——启蒙运动以后重新系统化、通俗化的知识——翻译成了中文。

1862年清政府采纳了时任总理衙门首席大臣奕䜣（1833—1898）的建议，创办了京师同文馆，这是中国近代第一所外语学校。开馆时只有英文馆，后增设了法文、俄文、德文、东文诸馆，其他课程还包括化学、物理、万国公法、医学生理等。1866年，又增设了天文、算学课程。后来清政府又仿照同文馆之例，在与外国人交往较多的上海设立上海广方言馆，广州设立广州同文馆。曾大力倡导"中学为体，西学为用"的洋务派主要代表人物张之洞（1837—1909）认为，作为"用"的西学有西政、西艺和西史三个方面，其中西艺包括算、绘、矿、医、声、光、化、电等自然科学技术。

根据《近代汉译西学书目提要：明末至1919》的统计，从明末到1919年的总书目为五千一百七十九种，如果将四百余种明末到清初的译书排除，那么晚清至1919年之前就有四千七百多种汉译西学著作出版。梁启超（1873—1929）在

1　1882年，李善兰将译稿交由华蘅芳校订至1897年，译稿后遗失。万兆元、何琼辉：《牛顿〈原理〉在中国的译介与传播》，载《中国科技史杂志》第40卷，2019年第1期，第51—65页，此处见第54页。

1896年刊印的三卷本《西学书目表》中指出："国家欲自强，以多译西书为本；学者欲自立，以多读西书为功。"[1]书中收录鸦片战争后至1896年间的译著三百四十一种，梁启超希望通过《读西学书法》向读者展示西方近代以来的知识体系。

不论是在精神上，还是在知识上，中国近代都没有继承好启蒙时代的遗产。启蒙运动提出要高举理性的旗帜，认为世间的一切都必须在理性法庭面前接受审判，不仅倡导个人要独立思考，也主张社会应当以理性作为判断是非的标准。它涉及宗教信仰、自然科学理论、社会制度、国家体制、道德体系、文化思想、文学艺术作品理论与思想倾向等。从知识论上来讲，从1860年至1919年五四运动爆发，受西方启蒙的各种自然科学知识被系统地介绍到了中国。大致说来，这些是14—18世纪科学革命和启蒙运动时期的社会科学和自然科学的知识。在社会科学方面包括了政治学、语言学、经济学、心理学、社会学、人类学等学科，而在自然科学方面则包含了物理学、化学、地质学、天文学、生物学、医学、遗传学、生态学等学科。按照胡适（1891—1962）的观点，新文化运动和五四运动应当分别来看待：前者重点在白话文、文学革命、西化与反传统，是一场类似文艺复兴的思想与文化的革命，而后者主要是

---

1 梁启超：《西学书目表·序例》，收入《饮冰室合集》，中华书局1989年版，第123页。

一场政治革命。根据王锦民的观点，"新文化运动很有文艺复兴那种热情的、进步的色彩；而接下来的启蒙思想的冷静、理性和批判精神，新文化运动中也有，但是发育得不充分，且几乎被前者遮蔽了"。[1]五四运动以来，中国接受了尼采等人的学说。"在某种意义上说，近代欧洲启蒙运动的思想成果，理性、自由、平等、人权、民主和法制，正是后来的'新'思潮力图摧毁的对象"。[2]近代以来，中华民族的确常常遭遇生死存亡的危局，启蒙自然会受到充满革命热情的救亡的排挤，而需要以冷静的理性态度来对待的普遍知识，以及个人的独立人格和自由不再有人予以关注。因此，近代以来我们并没有接受一个正常的、完整的启蒙思想，我们一直以来所拥有的仅仅是一个"半启蒙状态"。今天我们重又生活在一个思想转型和社会巨变的历史时期，迫切需要全面地引进和接受一百多年来的现代知识，并在思想观念上予以重新认识。

　　1919年新文化运动的时候，我们还区分不了文艺复兴和启蒙时代的思想，但日本的情况则完全不同。日本近代以来对"南蛮文化"的摄取，基本上是欧洲中世纪至文艺复兴时期的"西学"，而从明治维新以来对欧美文化的摄取，则是启蒙

1　王锦民：《新文化运动百年随想录》，见李雪涛等编《合璧西中——庆祝顾彬教授七十寿辰文集》，外语教学与研究出版社2016年版，第282—295页，此处见第291页。

2　同上。

时代以来的西方思想。特别是在第二个阶段，他们做得非常彻底。[1]

三

　　罗素在《西方哲学史》的"绪论"中写道："一切确切的知识——我是这样主张的——都属于科学，一切涉及超乎确切知识之外的教条都属于神学。但是介乎神学与科学之间还有一片受到双方攻击的无人之域；这片无人之域就是哲学。"[2]康德认为，"只有那些其确定性是无可置疑的科学才能成为本真意义上的科学；那些包含经验确定性的认识（Erkenntnis），只是非本真意义上所谓的知识（Wissen），因此，系统化的知识作为一个整体可以称为科学（Wissenschaft），如果这个系统中的知识存在因果关系，甚至可以称之为理性科学（Rationale Wissenschaft）"。[3]在德文中，科学是一种系统性的知识体系，是对严格的确定性知识的追求，是通过批判、质疑乃至论证而对知识的内在固有理路即理性世界的探索过程。科学方法有别

1　家永三郎著，靳丛林等译：《外来文化摄取史论》，大象出版社2017年版。

2　罗素著，何兆武、李约瑟译：《西方哲学史》（上卷），商务印书馆1963年版，第11页。

3　Immanuel Kant, *Metaphysische Anfangsgründe der Naturwissenschaft*. Riga: bey Johann Friedrich Hartknoch, 1786. S. V-VI.

于较为空泛的哲学，它既要有客观性，也要有完整的资料文件以供佐证，同时还要由第三者小心检视，并且确认该方法能重制。因此，按照罗素的说法，人类知识的整体应当包括科学、神学和哲学。

在欧洲，"现代知识社会"（Moderne Wissensgesellschaft）的形成大概从近代早期一直持续到了1820年。[1]之后便是知识的传播、制度化以及普及的过程。与此同时，学习和传播知识的现代制度也建立起来了，主要包括研究型大学、实验室和人文学科的研讨班（Seminar）。新的学科名称如生物学（Biologie）、物理学（Physik）也是在1800年才开始使用；1834年创造的词汇"科学家"（Scientist）使之成为一个自主的类型，而"学者"（Gelehrte）和"知识分子"（Intellekturlle）也是19世纪新创的词汇。[2]现代知识以及自然科学与技术在形成的过程中，不断通过译介的方式流向欧洲以外的世界，在诸多非欧洲的区域为知识精英所认可、接受。今天，历史学家希望运用全球史的方法，祛除欧洲中心主义的知识史，从而建立全球知识史。

本学期我跟我的博士生们一起阅读费尔南·布罗代尔

---

1 Cf. Richard van Dülmen, Sina Rauschenbach (Hg.), *Macht des Wissens: Die Entstehung der Modernen Wissensgesellschaft.* Köln: Böhlau Verlag, 2004.

2 Cf. Jürgen Osterhammel, *Die Verwandlung der Welt: Eine Geschichte des 19. Jahrhunderts.* München: Beck, 2009. S. 1106.

(Fernand Braudel，1902—1985）的《地中海与菲利普二世时代的地中海世界》(*La Méditerranée et le Monde méditerranéen à l'époque de Philippe II*, 1949) 一书。[1]在"边界：更大范围的地中海"一章中，布罗代尔并不认同一般地理学家以油橄榄树和棕榈树作为地中海的边界的看法，他指出地中海的历史就像是一个磁场，吸引着南部的北非撒哈拉沙漠、北部的欧洲以及西部的大西洋。在布罗代尔看来，距离不再是一种障碍，边界也成为相互连接的媒介。[2]

发源于欧洲文艺复兴时代末期，并一直持续到18世纪末的科学革命，直接促成了启蒙运动的出现，影响了欧洲乃至全世界。但科学革命通过学科分类也影响了人们对世界的整体认识，人类知识原本是一个复杂系统。按照法国哲学家埃德加·莫兰（Edgar Morin，1921— ）的看法，我们的知识是分离的、被肢解的、箱格化的，而全球纪元要求我们把任何事情都定位于全球的背景和复杂性之中。莫兰引用布莱兹·帕斯卡（Blaise Pascal，1623—1662）的观点："任何事物都既是结果又是原因，既受到作用又施加作用，既是通过中介而存在又是直接存在的。所有事物，包括相距最遥远的和最不相同的事物，都被一种自然的和难以觉察的联系维系着。我认为不认识

---

1 布罗代尔著，唐家龙、曾培耿、吴模信等译：《地中海与菲利普二世时代的地中海世界》(全二卷)，商务印书馆2013年版。

2 同上书，第245—342页。

整体就不可能认识部分，同样地，不特别地认识各个部分也不可能认识整体。"[1]莫兰认为，一种恰切的认识应当重视复杂性（complexus）——意味着交织在一起的东西：复杂的统一体如同人类和社会都是多维度的，因此人类同时是生物的、心理的、社会的、感情的、理性的；社会包含着历史的、经济的、社会的、宗教的等方面。他举例说明，经济学领域是在数学上最先进的社会科学，但从社会和人类的角度来说它有时是最落后的科学，因为它抽去了与经济活动密不可分的社会、历史、政治、心理、生态的条件。[2]

四

贝克出版社（C. H. Beck Verlag）至今依然是一家家族产业。1763年9月9日卡尔·戈特洛布·贝克（Carl Gottlob Beck，1733—1802）在距离慕尼黑100多公里的讷德林根（Nördlingen）创立了一家出版社，并以他儿子卡尔·海因里希·贝克（Carl Heinrich Beck，1767—1834）的名字来命名。在启蒙运动的影响下，戈特洛布出版了讷德林根的第一份报纸与关于医学和自然史、经济学和教育学以及宗教教育

1　转引自莫兰著，陈一壮译：《复杂性理论与教育问题》，北京大学出版社2004年版，第26页。

2　同上书，第30页。

的文献汇编。在第三代家族成员奥斯卡·贝克（Oscar Beck，
1850—1924）的带领下，出版社于1889年迁往慕尼黑施瓦宾
(München-Schwabing)，成功地实现了扩张，其总部至今仍设
在那里。在19世纪，贝克出版社出版了大量的神学文献，但
后来逐渐将自己的出版范围限定在古典学研究、文学、历史和
法律等学术领域。此外，出版社一直有一个文学计划。在第一
次世界大战期间的1917年，贝克出版社独具慧眼地出版了瓦
尔特·弗莱克斯（Walter Flex，1887—1917）的小说《两个世
界之间的漫游者》（*Der Wanderer zwischen beiden Welten*），这
是魏玛共和国时期的一本畅销书，总印数达一百万册之多，也
是20世纪最畅销的德语作品之一。[1] 目前出版社依然由贝克家
族的第六代和第七代成员掌管。2013年，贝克出版社庆祝了其

---

1 第二次世界大战后，德国汉学家福兰阁（Otto Franke，1863—1946）出版《两
个世界的回忆——个人生命的旁白》（*Erinnerungen aus zwei Welten: Randglossen
zur eigenen Lebensgeschichte*. Berlin: De Gruyter, 1954.）。作者在1945年的前
言中解释了他所认为的"两个世界"有三层含义：第一，作为空间上的西方和东
方的世界；第二，作为时间上的19世纪末和20世纪初的德意志工业化和世界政
策的开端，与20世纪的世界；第三，作为精神上的福兰阁在外交实践活动和学
术生涯的世界。这本书的书名显然受到《两个世界之间的漫游者》的启发。弗莱
克斯的这部书是献给1915年阵亡的好友恩斯特·沃切（Ernst Wurche）的：他
是"我们德意志战争志愿军和前线军官的理想，也是同样接近两个世界：大地和
天空、生命和死亡的新人和人类向导"。(Wolfgang von Einsiedel, Gert Woerner,
Kindlers Literatur Lexikon, Band 7, Kindler Verlag, München 1972.) 见福兰阁
的回忆录中文译本，福兰阁著，欧阳甦译：《两个世界的回忆——个人生命的旁
白》，社会科学文献出版社2014年版。

成立二百五十周年。

　　1995年开始，出版社开始策划出版"贝克通识文库"（C.H.Beck Wissen），这是"贝克丛书系列"（Beck'schen Reihe）中的一个子系列，旨在为人文和自然科学最重要领域提供可靠的知识和信息。由于每一本书的篇幅不大——大部分都在一百二十页左右，内容上要做到言简意赅，这对作者提出了更高的要求。"贝克通识文库"的作者大都是其所在领域的专家，而又是真正能做到"深入浅出"的学者。"贝克通识文库"的主题包括传记、历史、文学与语言、医学与心理学、音乐、自然与技术、哲学、宗教与艺术。到目前为止，"贝克通识文库"已经出版了五百多种书籍，总发行量超过了五百万册。其中有些书已经是第8版或第9版了。新版本大都经过了重新修订或扩充。这些百余页的小册子，成为大学，乃至中学重要的参考书。由于这套丛书的编纂开始于20世纪90年代中叶，因此更符合我们现今的时代。跟其他具有一两百年历史的"文库"相比，"贝克通识文库"从整体知识史研究范式到各学科，都经历了巨大变化。我们首次引进的三十多种图书，以科普、科学史、文化史、学术史为主。以往文库中专注于历史人物的政治史、军事史研究，已不多见。取而代之的是各种普通的知识，即便是精英，也用新史料更多地探讨了这些"巨人"与时代的关系，并将之放到了新的脉络中来理解。

　　我想大多数曾留学德国的中国人，都曾购买过罗沃尔特出版社出版的"传记丛书"(Rowohlts Monographien)，以及"贝克通识文库"系列的丛书。去年年初我搬办公室的时候，还整理出十几本这一系列的丛书，上面还留有我当年做过的笔记。

五

作为启蒙时代思想的代表之作，《百科全书》编纂者最初的计划是翻译1728年英国出版的《钱伯斯百科全书》(*Cyclopaedia: or, An Universal Dictionary of Arts and Sciences*)，但以狄德罗为主编的启蒙思想家们以"改变人们思维方式"为目标，[1]更多地强调理性在人类知识方面的重要性，因此更多地主张由百科全书派的思想家自己来撰写条目。

今天我们可以通过"绘制"(mapping) 的方式，考察自19世纪60年代以来学科知识从欧洲被移接到中国的记录和流传的方法，包括学科史、印刷史、技术史、知识的循环与传播、迁移的模式与转向。[2]

徐光启在1631年上呈的《历书总目表》中提出："欲求超

1 Lynn Hunt, Christopher R. Martin, Barbara H. Rosenwein, R. Po-chia Hsia, Bonnie G. Smith, *The Making of the West: Peoples and Cultures, A Concise History,* Volume II: Since 1340. Bedford/St. Martin's, 2006, p. 611.

2 Cf. Lieven D'hulst, Yves Gambier (eds.), *A History of Modern Translation Knowledge: Source, Concepts, Effects.* Amsterdam: John Benjamins, 2018.

胜，必须会通，会通之前，先须翻译。"[1]翻译是基础，是与其他民族交流的重要工具。"会通"的目的，就是让中西学术成果之间相互交流，融合与并蓄，共同融汇成一种人类知识。也正是在这个意义上，才能提到"超胜"：超越中西方的前人和学说。徐光启认为，要继承传统，又要"不安旧学"；翻译西法，但又"志求改正"。[2]

近代以来中国对西方知识的译介，实际上是在西方近代学科分类之上，依照一个复杂的逻辑系统对这些知识的重新界定和组合。在过去的百余年中，席卷全球的科学技术革命无疑让我们对于现代知识在社会、政治以及文化上的作用产生了认知上的转变。但启蒙运动以后从西方发展出来的现代性的观念，也导致欧洲以外的知识史建立在了现代与传统、外来与本土知识的对立之上。与其投入大量的热情和精力去研究这些"二元对立"的问题，我以为更迫切的是研究者要超越对于知识本身的研究，去甄别不同的政治、社会以及文化要素究竟是如何参与知识的产生以及传播的。

此外，我们要抛弃以往西方知识对非西方的静态、单一方向的影响研究。其实无论是东西方国家之间，抑或是东亚国家之间，知识的迁移都不是某一个国家施加影响而另一个国家则完全

---

1 见徐光启、李天经等撰，李亮校注：《治历缘起》（下），湖南科学技术出版社
　2017年版，第845页。

2 同上。

被动接受的过程。第二次世界大战以后对于殖民地及帝国环境下的历史研究认为,知识会不断被调和,在社会层面上被重新定义、接受,有的时候甚至会遭到排斥。由于对知识的接受和排斥深深根植于接收者的社会和文化背景之中,因此我们今天需要采取更好的方式去重新理解和建构知识形成的模式,也就是将研究重点从作为对象的知识本身转到知识传播者身上。近代以来,传教士、外交官、留学生、科学家等都曾为知识的转变和迁移做出过贡献。无论是某一国内还是国家间,无论是纯粹的个人,还是由一些参与者、机构和知识源构成的网络,知识迁移必然要借助于由传播者所形成的媒介来展开。通过这套新时代的"贝克通识文库",我希望我们能够超越单纯地去定义什么是知识,而去尝试更好地理解知识的动态形成模式以及知识的传播方式。同时,我们也希望能为一个去欧洲中心主义的知识史做出贡献。对于今天的我们来讲,更应当从中西古今的思想观念互动的角度来重新审视一百多年来我们所引进的西方知识。

　　知识唯有进入教育体系之中才能持续发挥作用。尽管早在1602年利玛窦的《坤舆万国全图》就已经由太仆寺少卿李之藻(1565—1630)绘制完成,但在利玛窦世界地图刊印三百多年后的1886年,尚有中国知识分子问及"亚细亚""欧罗巴"二名,谁始译之。[1]而梁启超1890年到北京参加会考,回粤途经

1　洪业:《考利玛窦的世界地图》,载《洪业论学集》,中华书局1981年版,第
　　150—192页,此处见第191页。

上海，买到徐继畲（1795—1873）的《瀛环志略》（1848）方知世界有五大洲！

近代以来的西方知识通过译介对中国产生了巨大的影响，中国因此发生了翻天覆地的变化。一百多年后的今天，我们组织引进、翻译这套"贝克通识文库"，是在"病灶心态""救亡心态"之后，做出的理性选择，中华民族蕴含生生不息的活力，其原因就在于不断从世界文明中汲取养分。尽管这套丛书的内容对于中国读者来讲并不一定是新的知识，但每一位作者对待知识、科学的态度，依然值得我们认真对待。早在一百年前，梁启超就曾指出："……相对地尊重科学的人，还是十个有九个不了解科学的性质。他们只知道科学研究所产生的结果的价值，而不知道科学本身的价值，他们只有数学、几何学、物理学、化学等概念，而没有科学的概念。"[1]这套读物的定位是具有中等文化程度及以上的读者，我们认为只有启蒙以来的知识，才能真正使大众的思想从一种蒙昧、狂热以及其他荒谬的精神枷锁之中解放出来。因为我们相信，通过阅读而获得独立思考的能力，正是启蒙思想家们所要求的，也是我们这个时代必不可少的。

李雪涛

2022年4月于北京外国语大学历史学院

---

[1] 梁启超：《科学精神与东西文化》（8月20日在南通为科学社年会讲演），载《科学》第7卷，1922年第9期，第859—870页，此处见第861页。

译者序

在欧洲中世纪，骑士总体上是低等级的贵族。骑士在特定的历史条件下产生并在教会影响下发展出一套自身的行为标准和存在方式。骑士和骑士文化在欧洲中世纪历史中占有重要地位，因而是中世纪史研究的重要课题。近几年来，国内翻译出版了西方中世纪和骑士研究方面的一些重要成果，一些重要的历史学家如乔治·杜比的著作被翻译过来，但是德国历史学家关于这方面的研究被翻译过来的还比较少。

本书作者约阿希姆·埃勒斯（Joachim Ehlers）1936年出生在莱比锡，是德国中世纪史方面的历史学家。他1957—1964年在汉堡大学学习历史、哲学和日耳曼语言文学，1964年在瓦尔特·拉默斯（Walther Lammers）和奥托·布龙讷（Otto Brunner）指导下，以论文《17世纪和18世纪汉堡城的军事体制》（*Die Wehrverfassung der Stadt Hamburg im 17. und 18. Jahrhundert*）获得博士学位。1964—1971年他在法兰克福大学任教，1972年以关于圣维克多的雨果（Hugo von

St. Viktor）的论文获得在大学执教的资格，同年被任命为教授。在法兰克福大学执教后，他于1980—1989年任教于布伦瑞克工业大学。从1989年起，他在柏林自由大学担任中世纪史教授，直到2001年退休。他的研究重点是欧洲中世纪早期和盛期历史，法国史、欧洲教育史和社会史比较研究。他的著作涉及中世纪法国史（1987，2009）、德意志王国在中世纪的诞生（1994，2010）、狮子亨利（Heinrich der Löwen，1997，2008）、卡佩王朝（2000）、骑士制度（2006，2009）、英法百年战争（2009，2012）、著名中世纪史家弗赖辛的奥托（Otto von Freising，2013）等方面。他是法兰克福历史学会（Frankfurter Historische Kommission）、布伦瑞克科学协会（Braunschweigische Wissenschaftliche Gesellschaft）、下萨克森和不来梅历史学会（Historische Kommission für Niedersachen und Bremen）和康斯坦茨中世纪史学会（Konstanzer Arbeitskreis für mittelalterliche Geschichte）的会员，1997年，他成为巴黎德国历史研究所（Deutsches Historisches Justitut Paris）科学顾问委员会成员。他于1999年组织了康斯坦茨中世纪史学会的两次会议，会议主题为"中世纪的德国与欧洲西部"（*Deutschland und der Westen Europas im Mittelalter*）。

　　这本名为《骑士——历史和文化》的入门读物初版于2006年，从骑士产生的历史背景、骑士的活动、骑士阶层的道德规范和物质基础等方面介绍了欧洲中世纪骑士制度产生、发展和消亡的过程。虽然作者有感于德国的中世纪研究更多地借助于德国中世纪文学的资料，而不是像英法等国近年来的历史研究一样重视与历史上真实生活过的普通人有关的资料，但是书中还是采用了中世纪德国宫廷史诗的资料作为对已有的研究资料如骑士生平、当时历史编撰者的记述等的补充。这一方面可能是因为关于中世纪普通骑士的生平很难留传下来，另一方面也是因为本书是一本概论性的入门读物，很难像大部头的专门著作一样去挖掘教廷会议的记录、城堡的买卖文件等更加具体的第一手资料。

本书共八章，介绍了骑士和骑士制度的主要方面。骑士本身是骑兵武士，在欧洲中世纪早期的历史背景下产生。在欧洲封建社会早期，由于没有形成统一的中央集权国家，封建领主们各自为政。为了进攻对手并保护自己，他们需要一定的军事力量。一开始由封建领主领地上的农民承担作战的任务，但是农民需要耕种土地，而且随着作战范围的扩大，需要作战士兵快速集结到相距很远的区域，这样，从卡尔大帝时期开始，出现了专门从事作战的骑兵。骑兵的来源主要有三部分：自由农民、领主的家臣和长子继承制下没有继承权的贵族子弟。德国骑士的来源主要是第二部分。骑士为领主提供军事服役，领主以采邑的形式予以酬劳，二者之间形成了封建的采邑关系。骑士赖以生存的马上作战能力，需要相应的军事装备来配合，马、长矛、剑、盾、铠甲、头盔和纹章在骑士装备中必不可少。骑兵作战主要靠快速的进攻，凭借行进速度带来的力量用长矛刺中对手或将对手挑下马。军事装备需要大笔开支，因此在战争中收取赎金比杀死对手更加有利。中世纪举行的马上比武吸引了大批的骑士参加，它不仅是自我认同的场合，更是打败对手获取赎金的绝佳机会。城堡是骑士制度在现代的遗存物，在中世纪，大大小小的城堡首先是一种防御工事，后来才成为骑士身份和贵族身份的象征和重要财产。

当骑士发展成为一种重要的军事力量和世俗领主的重要倚靠，教会和教士为了抑制军事暴行和维护自己的利益，为骑士发展出了一套道德行为规范，试图将世俗的骑士改造成为为基督教服务的基督的骑士。这种基督教与骑士的结合，集中体现在十字军运动和在十字军运动中出现的大大小小的骑士团中。声势浩大的十字军运动使各国的骑士聚集在一起，加强了骑士的国际化。总体上来讲，欧洲骑士制度以法国、德国、西班牙、葡萄牙和英国为中心发展，各国骑士的共同行动，促进了等级认同感的形成和骑士文化的内部交流。

宫廷是培养骑士的主要场所，未来的骑士要从骑士侍从做起，学习作战技能和礼仪规范，在学习过程结束后，通过一定的仪式晋封为骑士。学习过程和晋封仪式增强了骑士的群体归属感和等级意识，使他们在思想意识中形成等级认同感。当忠诚、坚定、勇敢、慷慨、博爱和高雅的举止等道德和行为标准成为骑士的标签，骑士制度发展到了它的顶峰，上至国王，下至最低等的贵族，都成为骑士中的一员。宫廷文学塑造了骑士的样板，强化了骑士的形象，各种骑士指南进一步规范了骑士的行为方式。最终，骑士不仅是一种存在，更成为了一种理想化的生存方式。然而，真正的骑士与理想化的骑士文学所塑造的骑士形象，始终存在着差距。在一些流传下来的著名骑士的生平记述中，真正高尚的行为与追逐个人利益始终交织在一起；从当时历史编撰者的记录中，也可以看到对宫廷生活和骑士生活方式的批评。

到了14、15世纪，随着作战方式的改变和新式武器的使用，骑士的作战能力在战斗中逐渐变得不再重要。在编队作战中，骑士要服从命令以整体作战，而不是像以前一样主要依靠个人作战能力。英国弓箭手、瑞士方阵和火炮的大规模使用，都在很大程度上削弱了骑士的作战能力。另外，雇佣兵的大量出现和强大的作战能力使骑士的作用进一步降低。一部分失去作用的骑士逐渐沦落为强盗骑士。在欧洲各国逐渐形成以王室为中心的中央集权的过程中，处于低等贵族阶层的骑士，逐步被纳入国家的行政管理体系。骑士作为军事力量不再重要，随之而来的是经济来源的消失和政治权利的丧失，这样，在向近代国家转变的过程中，骑士逐渐消亡。

欧洲骑士制度的发展与欧洲中世纪的发展过程紧密相连，从某种意义上说，它是欧洲中世纪发展的一面镜子。了解欧洲的骑士制度，对于理解整个欧洲中世纪的发展具有重要的作用。

　　本书依据贝克出版社2009年的第二版译出。对人名、地名和专有名词的翻译，尽量以已有的翻译为准并参考了相关书籍的翻译。由于译者水平有限，书中难免有不足之处，还请读者不吝赐教，为本书的修订完善提出宝贵意见。

目　录

第一章　————————　首要问题

"教士们是在好言好语、安安稳稳向上天祈求人间的福祉；而我们战士和骑士却凭借膂力、挥动利剑去实现并捍卫人间的福祉。我们不能待在家里，必须风餐露宿，忍受夏天酷烈的阳光和冬天刺骨的风雪。就是说，我们受上帝指派，像他的臂膀一样来到人间主持正义。"[1]

堂吉诃德（Don Quijote）以这些话说明了骑士制度的本质内涵。自从米盖尔·德·塞万提斯（Miguel de Cervantes，1547—1616）让他为逝去的价值观念与假想中的敌人战斗并向着风车冲去——这部作品分两部分于1605年和1615年出版，文学（Literatur）就在源源不断地发掘各国骑士制度/阶层（chevalerie）及其历史影响的新的不同侧面——从歌德（Goethe）的《葛兹·冯·伯利欣根》（*Götz von Berlichingen*，1773）中自由的帝国骑士（Reichsritterschaft）对于将他们的领土国有化所进行的最后的和徒劳的反抗，一直到伊夫林·沃（Evelyn Waugh）关于第二次世界大战的《荣誉之剑》三部曲（*Sword of Honour*，1952—1965）中怀有骑士梦想的主人公盖伊·克

---

1 引文出自：[西] 塞万提斯. 堂吉诃德. 董燕生译. 桂林：漓江出版社，2012，第81页。（本书页下注均为译者注）

劳奇巴克（Guy Croutchback）一步步的幻灭。这些在其他方面如此不同的故事中的每一个，都以它们自己的方式强调了骑士阶层的特征是其成员们突出的个性，他们在战役中从不会按编队听命令行事，而是单枪匹马完成他们伟大的业绩，即使在宫廷服役（Dienst）中也不会忘记自身的利益，不过会认同一种普遍的荣誉（Ehre）守则和行为守则。

正因如此，这个问题会一再出现：中世纪骑士制度究竟有过何种历史意义？它是一种发挥作用的社会机制，抑或不过只是一种理念，一种由幻想和美好的假象组成的不确定的混合，一层薄薄的理想之面纱，罩在一个由暴力、无法无天和压迫构成的世界上？然而一种纯粹的理想能如此顽强地在等级的消亡中存续下来吗？它会历经几个世纪继续产生影响，即使今天也还活在记忆中并激发着想象吗？

显然，要抑制一个野蛮的武士阶层（Kriegertum）的放纵的情感。这一持久的努力尽管遭受各种倒退和失败——除在贵族和军队之外，依然在社会中留下了永久的痕迹。为了在一个反应过度的时代使武器持有者粗鲁的暴力臣服于调节性的行为法则，教士和诗人从10世纪起就发展出了一套理想想象，真实生活越惨淡，这些想象就会被放置得越高。骑士阶层的这一意识形态将战争与暴力、基督教的生活方式、贵族生活的要求和才智的挑战联系在一起，最终导致了古希腊罗马时代之后欧洲最初的独立的世俗文化的出现。以这种方式，骑士制度的发展是一种全欧洲的社会精英现象，作为上层文化，它以绅士的和骑士的理想继续留在人们的记忆中，并自12世纪以来就已经高度风格化了：文学上体现在围绕着亚瑟王（König Artus）的圆桌骑士身上；以古书细密画的方式则体现在像《大海德堡诗歌手抄本》（*Große Heidelberger Liederhandschrift*）这样的作品中；雕塑上体现在瑙姆堡大教堂雕像（Naumburger Stifterfiguren）或班贝格骑士（Bamberger Reiter）上；还体现在墓碑和印章中。属于这类文物的，还有世俗骑士团（Ritterorden）和骑士联盟（Rittergesellschaften）在教堂中整排的椅子以及教堂玻璃窗上和墙上的纹章（Wappen），这些文物中的大多数表现了骑士阶层与基督教的紧密联系，这种联系使得纯粹的残暴从来都没有成为公认的指导原则。从叙事文学中我们认识到那些经常被提出的、因这种经常性而如同一个体系的组成部分一样发挥作用的品质，它们造就了骑士：作为附庸要忠诚 [Treue（*loyauté*）]，作为领主要慷慨 [Freigebigkeit（*largesse*）]，作为武士要勇敢 [Tapferkeit（*prouesse*）]，以及高雅的举止 [höfisches Verhalten（*courtoisie*）]。

不过这一论断导致在做出历史判断时出现困难，因为文学创作不可以被误解为对现实的描绘。而且人们也不应只考察德语文学，因为骑士制度最初是在法国和尼德兰（Niederlande）清楚地显现出来的。在一个国际化的大环境中，它的专业用语是法语，德国很大程度上是以接受的方式参与其中。在我们这里，12、13世纪被认为是骑士制度的典范时期和全盛时代，支持这一看法的原始资料主要出自宫廷环境，它们是文学创作、书信或宣传小册子。所以德国关于骑士制度和骑士阶层的研究喜欢在宫廷文化（Höfische Kultur）研究的大潮中漂流，然而这种研究从19世纪以来就是日耳曼语言文学的领域，它从文学史的角度出发，着力把诗意的虚构、形式上的塑造和真实的生活三者之间很成问题的关系置于显著地位，以至于骑士的日常生活和在日常生活后面的、在中世纪盛期作为骑士生活着的人群几乎消失了。有细节丰富得多的文献资料记录中世纪盛期的法国或英国，使它们生动而逼真地呈现在我们面前，像在其他情况下至中世纪晚期才会出现的那样，可对于12、13世纪的骑士制度，即使较近的德国研究也间或使人获得这种印象——要展示很高贵的研究成果。

不过，不是所有的骑士都一样并且愿意谈更高的伦理上的责任。他们也不必非得如此才会被认可为一个骑士阶层的成员，这个骑士阶层的核心美德——勇敢、坚毅、忠诚、光明磊落和言而有信——首先是军事上的能力特征，这在一个缺乏公共秩序来保障和平的时代必不可少。骑士制度的理念表达了一个高度军事化了的贵族阶层的世俗伦理（Ethik），其成员要在规范性的国家权力不存在的情况下在竞争中保住自己并因此发展了一种高度的利己主义。大多数骑士为一个领主服务，并主要是完成军事任务，其他人获得了骑士腰带（Rittergürtel）并因此获得了一种身份地位，另有一些人是骑士的后代并因此是一个等级中世袭的成员。服役、身份地位和世袭等级当然可能落在同一个人身上，但这对骑士来说绝不是必要的，因为骑士阶层遵循的是功绩原则。通过功绩而晋升给予了由贵族决定的社会等级制度以必要的灵活性和开放性。

因为骑士制度是加洛林王朝统治下的欧洲及其封建社会的产物，对于它的产生、发展和传播具有一条清晰可辨的从西到东的线路走向，这条线路从包括普罗旺斯的法国和尼德兰（佛兰德、布拉班特、埃诺）出发。它没有到达俄国和拜占庭帝国，晚些时候才到达波兰和立陶宛，斯堪的纳维亚半岛、德国北海沿岸（施泰丁根、东弗里斯兰、迪特马尔申）以及易北河以东的地区同样较晚时期才出现。苏格兰通过英格兰12世纪以来的扩张了解到骑士制度，爱尔兰对它始终陌生。西班牙和意大利（后者突出的城市文化起到了延缓作用）是接受地区，同为接受地的还有条顿骑士团（Deutscher Orden）影响下的普鲁士和14世纪以来卢森堡王朝统治下的波希米亚。在德语区，莱茵兰，图林根，黑森和弗兰肯，施瓦本，巴伐利亚，萨克森和奥地利，是骑士文化的中心。

鉴于这种时间和空间上的差异，人们不能期待一致性。第一眼看去在甲胄、马、城堡、纹章和马上比武等方面非常相似的东西，细看却证明那是极其活跃的、在拉丁欧洲的框架中多种多样和各具特性的现象。但它的活力正在于此，因为只有在这种具有变化和适应能力的多样性中，欧洲的骑士制度才能历经几个世纪保持着生命力。地区性的特色，例如几乎同时在卢瓦尔河畔伯爵领地和英国南部出现的纹章，总是一再地在广大地区流传开来；而这种乐于接受既是骑士制度生命力的表达，也是这种生命力的前提条件。因此，武士如何变成了骑士，作为一名骑士意味着什么，这种问题属于向欧洲中世纪历史提出的最重要的问题之列，因为它与500年间欧洲的整个统治结构和社会结构有关。

第二章 ——————— 基础：战争和暴力，统治和服役

　　骑士制度在中世纪盛期的形式来自几种推动力的共同作用，不过这些推动力各自对这一过程的重要性在个别方面是有争议的。一致的看法是，骑士等级来源于武士阶层，直到最后都与骑马战斗不可分割地联系在一起。因此，如果没有相应的身体上和精神上的能力，没有人能长时间地过着骑士的生活；没有一个现代的观察者会理解这些人的行为并由此理解他们本身，他会为了骑士文化史中其他的方面而忽视暴力、战斗和战争。此外，中世纪骑士的很多特性可以追溯到前基督教时代的战争制度和效忠制度：关于英雄贝奥武甫（Beowulf）的古英语史诗已经描述了男性对于因勇敢和忠诚而获得领主慷慨奖赏的期望，这一期望被提高至权利要求；而反映了每一种骑士伦理特征的基督教美德和世俗美德的混合，出现在加洛林时代的文学创作中，如《救世主》（*Heliand*）或随着向萨克森人传教产生的古撒克逊语《创世纪》（*Altsächsische Genesis*）。当班贝格主教冈瑟（Gunther von Bamberg，逝世于1065年）不顾来自教士群体的强烈批评让人为他诵读英雄传说，他就在当时实现了两种伦理道德体系的流畅过渡。这种介于基督教戒律和尘世抱负（Ehrgeiz）之间的生活，其双极性和矛盾情感一直是骑士自我理解的基本特征，以至于法军指挥官（Heerführer）若弗鲁瓦·德·沙尔尼（Geoffroy de Charny）——他于1356年在普瓦捷（Poitiers）战役中担任王室旗手并在与英国人的作战中阵亡——在其所著的《骑士制度读本》(Livre de chevalerie)中就可以雄辩地发问："除了上帝的骑兵犹大·马加比（Judas Makkabäus）所达到的此世的荣耀和来世的救赎，一个骑士还能再要求什么呢？"

　　除了勇敢和忠诚、对名望和收益的追求，中世纪世界和骑士制度古老的组成部分中还有城堡，它们自古以来就存在，作为王侯驻跸地和统治中心，如阿伽门农（Agamemnon）的迈锡尼，不过最重要的是作为围绕城堡而居的人们的避难所。自史前时代以来，城堡就以这种形式出现在欧洲阿尔卑斯山以北；它们在11世纪后改变了样式和功能，这在骑士制度的历史上是一个里程碑。人们需要这样的避难所，因为不存在一种秩序为势力强大者设置明确界限，也不存在一种由国家来维护的公共和平。所以，暴力作为社会冲突的手段必须在很大程度上被接受，武器持有者被让与优先权，导致个人自由和装备权利紧密地结为一体。从事体力劳动的人，要么没有人身自由，要么处于失去人身自由的危险中；走路的人，比不上骑兵。因而武器和马不仅是工具，还是地位的象征。

　　当古希腊罗马时代之后的欧洲农民武士因为大迁徙时代的土地占领越来越多地受到贵族领主的影响，而贵族领主在国王的军队中发挥决定性的作用时，由此产生的矛盾加剧了。贵族

和普通的自由农民两个群体绝非同质，但都是按照财产的规模
划分等级，以至于可能存在模糊的边缘地带，在那里从"富
裕"农民到"贫穷"贵族的跨越并不是很大；可尽管如此，他
们之间的差距还是在逐渐变大。不过他们所有人都还有一项共
同点：他们作为自由的男性持有武器，他们是武士。

　　这种状况基本上一直持续到8世纪中期法兰克王国扩张成
为加洛林大帝国，形势要求军队在越来越广阔的空间内活动。
农民武士的垦殖区与外围战场之间的距离随着征服而扩大，步
兵不再能够快地越过这段距离，尤其是因为罗马在高卢的道
路网在此期间已经荒废，而莱茵河以东从来就没有过扩建的道
路；然而没有这样的交通线，就很难长距离调集更大规模的步
兵部队。另外，农民武士不在家的时间越来越长，越来越明显
地成为了农业的负担，以至于卡尔大帝（Karl der Große）降低
了对小农群体在战争中的功绩要求，但正因如此他就必须向较
大的地产主和贵族领主要求更多。

　　在这种局势的压力下，法兰克军队的重心相当快地从步兵
转向了骑兵，而这种军事体制的转变造成了社会结构的改变。
因为一方面农民无力支付一套符合新条件的装备，另一方面富
有者和贵族的数量远远不足以组成较大的骑兵军队；所以必须
为许多普通的、自由的、能服兵役的人配备封地（Dienstgut）
和人手，这样他们自己就可以抽身去打仗，能够随时准备好他
们自己的马、沉重的甲胄和武器，并且有足够的时间熟练军事

技能。虽然他们还没有因此成为职业武士，因为他们在经济和管理中还有着其他的责任，但他们完全达到了某种程度且部分地达到了相当高程度的专业性，尤其是当他们在一系列的远征中经受考验之后。

一大批服役的骑兵武士进行这种新型专业化，其社会后果是相当大的。就算他们自己或者他们的父辈出身农民，随着时间的推移，盔甲骑兵（Panzerreiter）也明显地区别于那些保持旧身份的农民而接近那些出身高等贵族的附庸（Vasallen），因为他们通过封地尽可能地摆脱了体力劳动以及土地和季节的强制性束缚，在一个正在扩张的大帝国中，他们拥有手段去完成要求高的、因参与战利品分配或被授予被征服地区的职位而具有吸引力的战时服役。尤其是在卡尔大帝时代（768—814），一系列很少中断的年度远征为社会等级确立了标准：只有自己是领主或者得到了一块封地的人，才能够参加且支付马匹、铠甲、武器的费用，为参加骑兵战斗进行训练并随时听候国王的召唤投入战斗。没有能力做到的人，就从自由民阶层下降到被奴役和不自由的状态。

披上铠甲在马上进行战时服役的附庸的数量持续增加，因为不仅国王需要他们，而且每个领主都想要尽可能多地这样装备他的封臣，以便他能够战胜贵族竞争对手并且在针对对手的私战（Fehde）中生存下来。此外，领主还有义务为帝国军队输送一定数额的盔甲骑兵，数额的大小和骑兵的战斗力须与领主的等级相符。所以各附庸队伍的规模不仅是一个声望问题，而且也具有显著的政治上的相关性。

在帝国军队中，普通的骑兵武士（*caballarius*）会遇到法兰克贵族中的成员和高级官员，如伯爵（Graf）、边疆伯爵（Markgraf）和公爵（Herzog）；他们所有人现在都是具有共同特征的战士（*milites*），他们能打仗而且被寄望于在投入战斗时经受考验。在这种共同体中，武士间的社会差异很难说在何种程度上会因精湛的武艺、视死如归的精神、坚韧的耐力以及指挥能力或者团结而被掩盖——哪怕只是短暂地。经过验证的军事资格肯定不是劣势；它是否以及在多大程度上是阶层跃升的有效手段，在较早时期是不确定的。不过在9世纪，武士（*miles*）、封臣（*vasallus*）和骑兵武士这些名称毕竟还是进入了一种新的关联中：虽然它们没有变成彼此的同义词，但是它们在含义上相互接近了。从这里就可以推断出，这是提供给最底层的附庸群体的机会，他们的服役不再是农民的田间体力劳动，而是战争中的骑兵服役，这是那些大领主（große Herren）也在从事的服役。因而附庸关系（Vasallität）和战时服役可以被看作是骑士制度产生的最重要的出发点。

普通的骑兵武士和战斗的贵族之间在战争中变得更为紧密的关系也在其他方面属于骑士制度早期历史的一部分。因为它导致了服役和统治的结合，伴随着这种联系，领主伦理中的因素通过共同战时服役的桥梁被附庸的广大群体接受或者至少使他们熟悉，以此酝酿了后来开始的从"骑兵"向"骑士"的转变。每一合法性统治都有对被统治者的保护义务，大多数情况下它关系到自己人的小圈子，不过在教士中一直有将此普遍化的呼声。他们要求强者原则上必须要保护弱者不受损害，以此证明自己是正义统治的施行者；弱小并因此需要保护的也包括教士和教会，以及所有的孤儿寡妇。

最高保护人是国王，他要保卫整个王国并且应该按照《圣经·旧约》上国王的榜样公正地统治，这是从基督教的古代晚期就非常清楚的定义。从这种基督教的国王统治理论中，主教们引导出了贵族的行为规范，并以教会法的形式作为教会会议决议将它们固定下来。在这种意义上，从9世纪起人们就试图使战争和作战服从某些法则。加洛林王朝后期王权的虚弱加剧了这种趋势，因为国王不再能够承担重要的任务，如保证王国内的和平、对外保护王国抵御诺曼人（Normannen）和萨拉逊人（Sarazenen）的进攻。代替国王行动的现在是各地区作为实际统治者的大领主以及跟大领主在一起的全部的军队（militia），即人口中能够征召的部分，由贵族和配备武器的封臣组成。他们所有人都承担了一部分国王的权能和义务，通过这种方式，他们在将基督教的统治神学确立为合法的力量中占了一席之地，但也使自己受制于与此相关的章程条例。

为国王和为保卫国土而投入战斗以及对领主始终不渝的忠

诚，被美因茨（Mainz）大主教拉巴努斯·毛鲁斯（Hrabanus
Maurus，逝世于856年）视为武士（*miles*）主要的美德。847
年，一个美因茨的教会代表会议通过法令，按照该法令的规
定，谋杀兄弟和杀死一个教士应受到被终身从军队（*militia*）
中开除的惩罚。这样的决议暗示了教士在将武士等级纳入基督
教价值体系中去时取得的初步成果；因为只有当特定的荣誉观
念已经与骑兵服役的更高的声誉相符，这样一种惩罚才能被感
受到是污点，而相应的威胁才能产生影响。声望和荣誉就这样
一直联系在一起，以至我们一再看到类似的惩罚。征服者威廉
（Wilhelm der Eroberer）在黑斯廷斯（Hastings）战场（1066）
上将他的一名手下从骑兵随从（Gefolge）中驱逐了出去，因
为他轻蔑地用剑砍了阵亡的对手哈罗德（Harald）国王的尸体；
在12世纪40年代，圣德尼修道院的叙热（Suger von St-Denis）
院长谈到，在1114年博韦（Beauvais）宗教会议上，因严重的
暴力犯罪行为，一位教皇的使节将出身贵族的城堡主马尔勒的
托马（Thomas von Marle）逐出教会，并且收回了他的骑士腰
带（*cingulum militare*）。

　　不过在进行谴责和惩罚的批评者的角色之外，教士也扮演
提供帮助的顾问的角色。他为武器祝福，就正确的举止给出指
导，并且通过公共和平的组织为武士在社会中的地位确立新的
准则。10世纪以来就有宝剑祝福（Schwertsegen），是带有礼
拜仪式性的祈祷；这些祈祷一方面取自国王加冕典礼的礼拜规

则（*ordines*），另一方面属于为渔网、蜂巢和其他用具所做的普遍的祝福套语。不过这里独特的是，明确定义了宝剑使用所受的限制，祝福也仅与宝剑使用有关：只有在防御和在保护教会、寡妇、孤儿和教士，在抵抗异教徒和其他进攻者时，宝剑才可以激起恐惧和惊骇。这样，人们就在这个领域将国王的职责委托给了所有的武士；因为在国王加冕时，宝剑作为公正统治的标志，以同样的理由被托付。几乎同时，克吕尼修道院的奥多（Odo von Cluny，逝世于942年）院长以他对奥里亚克的热拉尔德（Gerald von Aurillac）伯爵的生平记述拟定了一套基督教的贵族教育学，宣扬武器持有者的主要美德是践行他们的保护职责。在法国南部，主教们从10世纪末就发起了上帝的和平（Gottesfrieden）运动，他们是在教士和世俗人士的大集会上组织这场运动的。

这一系列对武器持有者的宗教要求随着时间的推移被阐述得越来越具体，它们将保护和服役的职责结合起来并最终归入基督教武士（*miles christianus*）的理想之中。在宗教势力和世俗势力发生冲突的高潮，苏特里的博尼佐（Bonizo von Sutri，逝世于1099年前）主教要求基督教武士信仰坚定，对领主忠诚，在为领主而战和抵抗教皇的敌人时勇敢，保护弱者。教士认为一定限度内发动战争和使用武器是正面的，由此他就可以对调节武力冲突施加影响；他所提出的要求，即真正的贵族应展现特定的美德，属于骑士制度的预备阶段。通过这种与基督教价值观的联系，一个根植于加洛林大帝国、一开始在教养方面受到限制的武士阶层，发展出了跨地区适用的行为准则，并逐渐发展进入了欧洲视野。

第三章 ——————— 外部前提条件：封建社会

　　如果社会中缺乏契机的话，人们几乎不太可能向武士传授带有基督教烙印的武器使用规则，并因此逐步改变他们对于私战和交战的看法。不过，这类规则能够对武士产生作用首先是因为，中世纪的国家不是一个具有成文宪法的机构，它也不颁布具有普遍约束力的法律，而是一个以国王为首的、由王侯（Fürst）和豪强结成的个人联合体。欧洲各王国的政治精英通过具有法律象征意义的仪式彼此联结在一起，这些仪式是采邑制（Lehnswesen）的一部分。通过这些仪式，几乎所有类型的社会关系都能够被建立起来。国家和社会、公共领域和私人领域的明确划分在这样的前提下是不存在的，以至于采邑制的法律观念和道德观念都达到了一种很高程度的普遍有效性。

　　谁要进入了一种采邑（Lehn）关系，谁就归附于一位领主并且承担服兵役的义务。为此他下跪，将合拢的双手放入领主的手中，并且声明，今后愿意做其附庸，然后他起身，站立着进行效忠宣誓；作为回报，他得到他的采邑（*beneficium*），它可能由一处田产、一个职位或者经常性的收入构成。誓言将采邑关系确立为契约，接受采邑使得附庸有义务去提供建议和帮助 [Rat und Hilfe（*consilium et auxilium*）]。由此他获得了在领主的参议会里陈述、申辩和在做决定时参与发表意见的权利；在紧急情况下，他将要一起承担决定的后果。出于这个原因，这样的一种服役关系不会减损哪怕是有权势者的荣誉，因为领主不可以从采邑契约中获得发号施令的绝对权，而附庸不必无条件地服从，而是有权反抗领主有失身份的或者无理的要求，并由此拥有很大的自由。当然这些权利和自由更有可能由大的而不是小的附庸来维护并付诸实施，但是，在封建社会中每个人都有权要求他的个人荣誉没有瑕疵这一基本共识，是以确信参与者原则上具有同等价值为前提的。

这种荣誉观念影响了骑士的行为，却不是由骑士自己发展出来的。而且荣誉观念也比采邑制要古老得多，因为名望和荣誉是人类学的常数，是可以预估的行为动机。那些提供获得名望和荣誉机会的人会发现，目的迥异的人，有的只是寻求名望和荣誉，有的则是为了他们个人的晋升必须寻求名望和荣誉。此外，对荣誉的呼吁起着社会惩戒的作用，因为荣誉可能会丧失：如果在战斗中失败和表现出怯懦，或者违背誓言，例如俘虏被释放了却不支付约定的赎金。这一类犯规行为会被公之于众，例如颁发倒置的纹章（Wappenschild）；因为人们以惩罚措施支撑一个体系，这一体系依赖于对所宣扬的美德和品格的普遍接受，所以必须要表明，人们对于这些美德和品格以及通过它们表达出来的社会秩序是绝对认真的。仅凭贵族出身不足以保持在同等级人那里的声誉和在社会等级中的地位。如果人们了解和重视这些前提，就能精确地解释教士在调节战斗、战争和暴力方面所取得的成功：与其说是对基督教道德观念本身的了解在某些方面减轻了野蛮，不如说是基督教美德与封建荣誉的结合做到了这一点，因为这些基督教美德以后能够作为封建荣誉的组成部分被提醒遵循。

采邑制稳定了社会，而且首先是通过采邑继承资格，它从中世纪早期起事实上导致了采邑的可继承性：最初采邑只能传给过世附庸的儿子，这项权利很快扩展到了妻子和女儿，后来又到了旁系亲属。这一封建秩序影响了旧加洛林大帝国区域之外的欧洲；1066 年，随着英国被诺曼公爵威廉征服，它越海向西推进，并很快取代了盎格鲁－撒克逊时期的封建初始发展阶段。在其他方面，11 世纪也成为骑士制度的决定性的准备阶段，也就是说通过一种理论为使用武器的合法性提供了强有力的论据，因为它适应了真实的社会状况。这一理论将农民（*laboratores*）与武士（*bellatores*）严格区分，却承认两个群体以及教士（*oratores*）对于整个社会的根本性意义。拉昂的阿达尔贝鲁（Adalbero von Laon，逝世于 1030 年或 1031 年）主教向他的法兰西国王罗贝尔二世（Robert Ⅱ）解释说，祈祷的教士为所有人的福祉承担责任，这些人受到武士的保护，而农民供养他们，却因此有权要求得到保护和精神上的指导，就如同武士可以期望得到精神上的指导和生活所需，教士得到生活所需和保护。这种按照其成员对整体的功用进行划分的社会三分法，具有可以追溯到古希腊罗马时代的悠久传统，在拉昂的阿达尔贝鲁的表述中却很适合后加洛林时代的封建社会，当时已不再有自由的农民武士。

也就是说，武器持有者位列劳动人口之前的古老优先地位并没有改变，不过可能现在有另外的理由了。私战一如既往被认为是合法手段，用来实现真正的或者也有假借的权利和合法要求。人们进行小规模的私战，通过杀戮、抢劫、劫持人质或放火以伤害对手及其手下人；这只有在私战的理由不足的时候才是不正当的，但绝不是因为与之相关的暴力行径。自从武士（miles）与农民（rusticus）在加洛林时代分离，私战首先就成为被剥夺了武器持有权的农民和同样自卫力弱的教士和教会产业的负担。

所以，从10世纪末起在法国南部就形成了一场由教士组织的和平运动，它为自己的成功起见必须要说服损失制造者——那些战士（milites），让他们相信，至少在教会的重大节日、礼拜天和地方性圣徒的节日不应打仗，房屋和农作物不应被烧毁，神职人员、农民、女人和孩子不应受到伤害、被劫持或杀死，牲畜不应被从牧场上拖走。随着时间的推移，主教和修道院院长至少成功地使他们的世俗贵族亲戚中的一部分人注意到上帝和诸位圣徒的愤怒，向他们阐明这种休战的好处，并要求他们宣发相应的和平誓言，违背誓言被认为是玷辱名声并相应地可能会成为丑闻。这一上帝的和平运动从阿基坦出发经勃艮第向法国北部、佛兰德传播，并从11世纪80年代起也传到了德意志王国，在那里最终促成了大范围的、由国王要求的领地和平运动。显然，人们对建立一种仍然不稳定的公共和平的尝试感兴趣，因此每个参与其中并根据这些目标衡量自己的人，都享有一种因宗教上的合法化而意识到的道德优越感。基督教武士的这一理想将会成为欧洲骑士阶层的一个根本特征；欧洲骑士阶层的伦理基本原则不是它自己制定的，而是由教士传授的。欧洲骑士的摇篮旁站着主教、僧侣和神父，那里有格列高利教会改革以及它那复活的圣战思想。

与基督教对封建社会产生影响的这一过程相关，作为骑马和披甲的武士名称的*miles*这个词，也改变了它的意义。因为这一意义史与社会变革相关，对它的研究就开启了骑士制度产生史最重要的入口之一，但是欧洲地区的对比材料还是太少。无论如何，看起来可以肯定的是，*miles*这个概念似乎在社会地位上有所提升，它的意义范围扩大了，不仅底层武士阶层被称为*miles*，后来贵族、以后甚至王侯和国王也被称为*miles*。

在10世纪的时候，这个词看来还具有双重含义，既可以指骑马的武士，也可以指附庸。不过随着时间的推移，对领主的服役越来越仅仅当作军事上的骑兵服役来完成，*miles*（武士）这一功能性名称因而逐渐取代了更为古老的概念*vasallus*（封臣）；在法国，这种更替在11世纪30年代就已经很广泛，并在1100年左右接近完成：从这时起，*miles*是一种重甲骑兵，是通过采邑关系相互联结的贵族阶层的成员。相应地，在出自法国勃艮第公国的文献中，*miles* 从 10 世纪末起就已经越来越频繁地代替了 *nobilis*（贵族阶层的男性）这个概念，也就是说，*miles* 这个词同样适用于侯国层面之下的贵族骑兵武士，在这件事上，看来上帝的和平运动同样起到了作用。人们紧接着就在普罗旺斯、朗格多克和加泰罗尼亚观察到同样的现象，而在法兰西岛主要是城堡主被称为 *miles*，在上意大利临近 11 世纪末时，一个广大的附庸阶层的成员有如此称谓。

武士阶层 [Kriegerschicht（*militia*）] 内部的差异也可以在原始资料中追踪到，它们在 11 世纪出现了"底层"盔甲骑兵（*milites inferiores*）与"上层"盔甲骑兵（*milites superiores*），或者说"普通"骑兵（*milites primi*）与"高贵"骑兵（*milites gregarii*）的鲜明对照。这种区分还长时间受到重视，因为作为附庸的贵族虽然也是武士（*miles*），但这当然不会改变他因出身而突出的地位。即使在 12 世纪和 13 世纪，也就是说在骑士制度的全盛期，德国、格尔德恩（Geldern）或埃诺的文书室（Kanzlei）在开具文书时更喜欢写 *comes*（伯爵）、*dux*（公爵）或 *princeps*（侯爵）而不是 *miles*，以便在大领主那里将他们作为附庸的身份隐藏在高贵的出身等级之后。因此，原则上从 12 世纪起整个贵族阶层都属于武士阶层（*militia*），不过它重视根据社会地位对士兵进行分层明确的划分。这在骑士印章（Reitersiegel）中可以看到——骑士印章从 11 世纪中期起在法国兴起，只为上层贵族的成员所持有。这些印章将领主展现为盔甲骑兵。自12世纪中期以来的印章完美地描绘了武器、甲胄、服装和挽具。

因而在10世纪末和12世纪末之间、一个持续很久的终结过程中，在法国之外，全体附庸，包括伯爵和公爵，逐渐变成了战士（*milites*），当然也便成为了骑士——虽然并非毫无例外。他们组成了一个社会异质性群体，其共同特征在于，他们都作为重骑兵出现，就此而言，他们预示了本来意义上的骑士。然而，只有当他们参与到一个特别的共同体的意识中，通过承认他们协商一致的价值准则而团结在一起时，他们才会获得这种社会地位。决定这一准则的是来自远古的、军事的、封建的和基督教的众多元素的一种混合：追求名望和声誉，战斗中的勇气和干练，承受能力，对领主忠诚和乐于效劳，对弱者的保护义务。谁要以此为行为准绳，就表现得正派；教士证实，这样正派的行为同时也为上帝所喜并因此是合法的。这种被基督教确定的伦理和对它的认可才使武士阶层成为了骑士阶层，并使它的成员确信，它是一个特殊的等级（*ordo*）。

从势单力薄的贵族家庭中无财产的后代直到王侯，社会地位的不均一和逐级的分层，将会一直是骑士阶层的特征。这一社会矛盾赋予战士阶层（*ordo militaris*）灵活的能动性，使它并在一定的程度上也使整个的欧洲贵族世界，免于由出身等级来确定的等级制的完全固化。这尤其适用于德国，它的骑士阶层基本上完全是由12世纪以来无人身自由者的涌入所决定的。

法国或英国骑士全部是自由人，而在德国，从11世纪起是无人身自由的家臣（Ministerialen）作为盔甲骑兵在军队中服役，其人数因此而显著增加。这无疑与经济繁荣和人口增长有关，因为家臣属于家族（*familia*），是某个教会领主或世俗领主所有的无人身自由者群体，但与在田间劳动的雇农相比，他们更加接近他们为之提供特别服役的领主，因而已经具有一种突出的地位。这给予他们机会去证明自己值得信赖且精明能干，以至于马、甲胄和武器也被托付给了他们。他们以此参与了同一时期出现的、作为附庸的武士阶层（*militia*）的社会地位的提升，因为他们的服役此前只有贵族和自由附庸才有资格提供。这种服役包含一项服役权利；它使家臣获得他的社会地位和一片封地，并在领主的许可下，他可以将封地授予一个合适的继承人。此外，家臣非常清楚，他们的领主要依赖他们。

与他们在权力展示和进行私战时提供骑兵服役的用途相适应，家臣们往往特别暴力，作为一个基于功绩的、追求晋升的群体中的成员，他们也用暴力寻求他们的利益，所以他们不得不被强大领主的权威所约束，而他们试图像贵族一样去生活，以公开表明他们对一种更高社会地位的要求。在这方面，城堡发挥了很重要的作用。城堡与无人身自由的战士（*milites*）的联系从亨利四世（Heinrich IV，1056—1106）时期起就可以看得出来，他使南德的家臣们得以作为城堡主和城堡驻防部队在萨克森参与统治。这里也像英国在被诺曼人征服后的情况一样，城堡作为统治工具和镇压工具的功能变得尤其明显，因为就如同诺曼人1066年后在英国展开了一项大规模的城堡建造规划，亨利四世也试图通过城堡迫使萨克森归于他的治下。这也适用于其他地区，因为同时代人在施瓦本公爵腓特烈二世（Herzog Friedrich Ⅱ von Schwaben，1105—1147）背后议论，说他在他的战马尾巴上总是拖着一个城堡。

因为城堡在此期间发展成为以家族命名的祖传宅第和贵族家庭意识的中心，移交这样一个设施来作为无人身自由的家臣的服役处所，必定会带来显著的后果。他显然晋升到了贵族城堡主的地位，因为他像他们一样得到一处庄园住宅，并且早就已经像贵族武士（*miles*）一样持有同样的武器。这样，外在的声誉几乎完满了，因为如果有人看到一群重甲武装的骑兵从一个城堡里出来，按照外在形象已很难将他们中的贵族与普通的自由人或者无人身自由者区分开来。也是基于他们与城堡的联系，在德国，家臣阶层（Ministerialität）中的部分人很早就已经属于骑士，不过他们对于骑士制度产生本身所起的作用不可被高估。如果人们只是从当时的文学作品出发，这种被高估的危险显而易见，因为有事业（Karriere）心的家臣们热忱地接受了骑士－贵族生活方式中可以提高等级的特征，并且留下了尤其多的接受痕迹。与此相反，如果人们借助于文献资料和历史编纂学的证明去追寻骑士阶层的产生，它在贵族那里的真正起源就变得清楚，就像从那里出发的道路一样清晰，既向上直到王权的层面，又向下直到家臣阶层。人们也必须假定勃艮第和上意大利的骑士制度起源于贵族，而在法国北部和南部的部分地区以及在尼德兰，12世纪的骑士大量是由非贵族的自由人组成的。这种地区性差异非常重要，不过在大多数情况下还必须要在详细的个案研究中澄清。

第四章 —————— **基督教的任务：十字军运动和骑士团**

　　在封建社会、教会改革和上帝的和平运动的条件下，西欧的部分军事贵族已经接受了基督教的价值观念，并开始接受武器法规。然而，对这种理念的广泛传播有所突破，并对武士阶层中的单个成员产生持久影响，却是由十字军运动及其欧洲变体才实现的。

　　从11世纪60年代起，塞尔柱突厥人在小亚细亚大力向西推进，以至早期基督教的一片核心区域有落入穆斯林之手的危险。拜占庭帝国处于危险中，同样危险的是西方朝圣者去往圣地的道路，以及基督教的第一圣地——圣城耶路撒冷（Jerusalem）。教皇乌尔班二世（Urban Ⅱ）来自一个法国贵族家庭，他于1095年3月允诺向拜占庭皇帝阿列克塞一世·科穆宁（Alexios Ⅰ Komnenos）提供帮助并在同年就去了法国，以便使他的许诺具有现实的基础。11月，他在克莱蒙（Clermont）宗教会议上向一大群人布道，生动地描述了东方基督徒的困境，号召富人和穷人都进行援助；就形势而言，援助行动只能是军事性质的。按照教皇的愿望，对不信神的野蛮人的战斗应当使邪恶的武士阶层 [Kriegerschicht（*malitia*）] 转变成为新的基督教的骑士阶层 [Ritterschaft（*militia*）]。

　　这是一个宏大的规划。在基督教发展壮大的古代晚期，人们从罗马的军事术语中构造了"基督教武士"（*miles christianus*）的概念，可它所指的却不再是士兵，而是圣徒，不久后也指僧侣，这些人是"基督教的战士"。这一从那时起就很普遍的含义现在应该得到扩展，将武士也包括进来，条件是他们愿意参加十字军东征。一种激动人心、将各国骑士从此以后联结起来的思想于此萌芽。同时，如果说教皇以他的克莱蒙布道将十字军东征表述为真正的基督教骑士的最重要的任务，那他就在围绕基督教的和平戒律、正义战争和奉命杀戮的辩论中强调了一种新的、在某种程度上是总结性的东西：这关系到一场神圣的战争，由作为上帝的战士（*milites Dei*）的基督教保卫者们进行，因此所有武装的十字军战士（Kreuzfahrer）都可以是骑士，这不受他们的社会等级的影响。举足轻重的参与者如布永的戈弗雷（Gottfried von Bouillon）——他作为"圣墓保护人"（*advocatus Sancti Sepulchri*）是耶路撒冷的统治者，和他的兄弟鲍德温（Balduin，他从1100年起为耶路撒冷国王），成为这一纲领的主导人物，此外还有西西里的诺曼人首领欧特维尔的唐克雷德（Tankred von Hauteville）和塔兰托的博希蒙德（Bohemund von Tarent）。1099年7月15日，十字军占领了耶路撒冷。

为使新武士阶层（*nova militia*）——新的骑士阶层——的纲领能够贯彻执行，需要将它推广开来并在批评者面前为它辩护。西多会修士（Zisterzienser）修道院院长明谷的伯尔纳

(Bernhard von Clairvaux，逝世于1153年）承担了这一任务，他使来自教皇格列高利七世（Gregor Ⅶ）教会改革精神的正义战争思想与乌尔班二世的十字军东征设想结合起来，并由此为骑士们开启了一条道路，将他们的战斗与通过苦行达到的个人神圣化有意义地联系起来。在他的《就对新武士阶层的赞誉的劝诫》（*Liber exhortationis de laude novae militiae*）一书中，伯尔纳首先强调了宗教对宫廷和贵族的批评，甚至将这种批评一直提高到对虚妄的指责："你们给战马披上丝绸，你们的甲胄上垂下披巾；你们给长矛、盾牌和马鞍涂色；你们用金、银和宝石装饰缰绳和马镫，你们就是这样华丽地匆忙奔向死亡。"如果宗教和战争动机的结合是在为上帝的事业服务中得以实现，他当然坚决赞成这种结合。虽然在自身的教团中激烈反对这一结合的声音很大——普瓦捷主教管区的西多会修道院院长斯泰拉的伊萨克（Isaak von Stella）说这是一个新怪物的诞生，但伯尔纳的宣传小册子还是成为了基督教骑士制度的纲领性文件。

这一新的骑士阶层首先形成于法国，因为第一次十字军东征的大部分参与者来自那里，而仅仅一代人的时间，他们就成功地将西方的采邑制体系移植到了近东。历史编纂学家沙特尔的富歇（Fulcher von Chartres）在12世纪20年代末描述了这些人的特性并提到了他们的动机："谁在家乡贫穷，上帝使他在这里富有；谁的钱少，在这里有无数的金币；谁没有一座村庄，在这里上帝赐予他一整座城市。"这样一种个人获取财物、权力和声誉的机会，其招徕的力量不可低估，然而更富成效的还是明谷的伯尔纳的精神发端。

　　最初伯尔纳撰写他对新的骑士阶层的赞誉是出于一种特别的理由，即为一个到目前为止不为人知的宗教共同体进行辩护。这个宗教共同体是由佩恩的于格（Hugo von Payens）——香槟伯爵的一个亲戚——与其他七名法国十字军战士于1119年在巴勒斯坦建立的；其成员有义务遵守旧的僧侣戒律——贫穷、贞洁和顺从，但除此之外还许诺用武力保护去耶路撒冷的基督教朝圣者。不过，僧侣和十字军战士绝大多数都拒绝这样一种生活方式，因为它不能与祈祷者、战斗者和劳动者这三种在功能上相互关联、在其他方面又严格区分的类别相协调：因为于格的追随者想要同一个人既是祈祷者又是战斗者，所以他们就不再能被清楚地归类，而是在社会的两个等级之间形成了一种交集。尽管如此，耶路撒冷国王鲍德温二世（Balduin II）还是将他在所罗门圣殿附近的王宫的一部分赐予他们作为主要驻地，他们随即获得了"圣殿骑士兄弟会"（Brüder der Ritterschaft des Tempels, *fratres militiae templi*）的名称，明谷的伯尔纳为他们编撰了会规；他们身披西多会修士的白色斗篷作为骑士团服装，上有红色十字。圣殿骑士（Templer）从1130年起迅速吸收了来自西欧贵族的大量人员，也参加了保卫位于圣地的基督教侯国的战斗。在伊比利亚半岛，他们大力参与了收复失地运动（Reconquista），在这个运动中基督教重新征服被穆斯林统治的地区。

　　几乎同时，另一个骑士团也在发展。在十字军占领耶路撒冷的1099年，耶路撒冷圣约翰医院修会就已经出现，1154年教皇认可它为骑士团。圣约翰骑士团骑士（Johanniter）自认是基督的穷人的仆人，他们在12世纪下半叶将其设施齐全的医院的收容能力提高到了2000人。不过，也许是受到了圣殿骑士的影响，他们根据耶路撒冷王国的需要很快就组成了一个骑士团的军事分支，像叙利亚的骑士堡（Krak des Chevaliers）这样的重要城堡也被委托给了该分支。与它相比，医院不久就退居次要地位。从13世纪中期起，骑士成员获得了比教士成员优先的地位。

　　骑士团的纲领迅速蔓延到了伊比利亚半岛，那里是基督教－伊斯兰教纷争的第二个焦点。1158年，卡斯蒂利亚（Kastilien）国王桑乔三世（Sancho Ⅲ）将卡拉特拉瓦（Calatrava）城堡赐予贵族僧侣迭戈·贝拉斯克斯（Diego Velasquez）领导下的西多会修士作为抗击穆斯林的基地。受到招募的十字军战士接受了西多会修士的规则，并将其制服按照战斗需求稍作修改当作为骑士团服装。六年后，西多会修士的全体大会为卡拉特拉瓦的修士们规定了一项特别规则和生活准则（*regula et forma vivendi*），按照规定，骑士和教士应该在一位团长的领导下在贫穷、贞洁和顺从中生活；1187年起他们被并入西多会修会，隶属于毛立蒙（Morimond）修道院。在12世纪，卡拉特拉瓦骑士团就在收复城市和扩建城堡方面获得了很大的军事成功，还通过土地赠予、免交十一税和关税豁免获得了稳固的经济基础。

为了支持收复失地运动，1170年莱昂（León）国王费迪南德二世（Ferdinand II）授意建立一个圣雅各庇护下的骑士兄弟会；其成员作为这一圣徒的附庸和骑士（*vasalli et milites Sancti Jacobi*）在抗击穆斯林的战斗中经受住了考验，并于1175年作为骑士团直接隶属于教皇。这一团体主要由当地贵族组成，也接纳已婚者，它经管的医院对麻风病人和圣雅各朝圣者开放。一年之后，教皇认可了另一个骑士团，它由贵族萨拉曼卡的戈麦斯（Gomez aus Salamanca）建立。他的团体按照西多会修士的规则生活，但很快就隶属于卡拉特拉瓦团长，并因此于1218年获得了阿尔坎塔拉（Alcántara）城堡和城堡所在的同名城市，此后这个团体就以此为名。广大的地产使骑士团在埃斯特雷马杜拉（Estremadura）和安达卢西亚（Andalusien）进行大规模的军事行动成为可能——不仅针对穆斯林，也针对国王的基督教对手。

最后一个在圣地建立的大骑士团于1198/1199年由吕贝克（Lübeck）和不来梅（Bremen）两地市民（Bürger）的医院协作团体形成，它在第三次十字军东征期间出现在阿卡城前，叫作耶路撒冷圣玛利亚医院德意志兄弟骑士团（Orden der Brüder

vom Hospital St. Mariens der Deutschen in Jerusalem）。该骑士
团与虽然被法国主导，但对各国开放的圣约翰骑士团和圣殿骑
士团不同，它几乎只接受德国人，所以不久后就叫作条顿骑士
团（Deutscher Orden）。为与异教徒作战，它接受了圣殿骑士
的规则；为医院事业，它接受了圣约翰骑士团骑士的规则，并
借助于皇帝腓特烈二世（Friedrich II）的支持很快赢得了重要
的地位。第四任大团长为图林根的家臣之子萨尔察的赫尔曼
（Hermann von Salza, 1209—1239），作为皇帝的一位重要幕
僚，他设法为骑士团在巴勒斯坦之外获取了一块土地。从1211
年起，条顿骑士团应匈牙利国王安德烈亚斯二世（Andreas II）
之邀在东部的特兰西瓦尼亚（Siebenbürgen，别名锡本布尔根）
抗击异教的库雷曼人（Kumanen），但由于它建立自己统治的
野心而于1225年被驱逐。1231年起，条顿骑士团应马索维亚
的康拉德公爵（Konrad von Masowien）之邀在维斯瓦河畔赢
得了一个新的基地，以使异教的普鲁士人皈依。之后，它获得
了对于库尔梅兰（Kulmer Land）的所有统治权，拥有针对普
鲁士人及其居住区的完全的行动自由，1285年这个区在西方十
字军战士的支持下被全部占领。

　　在此期间，西多会修士西奥德里克（Theoderich）与一小
群北德骑士一起于1202年建立了圣剑骑士团（*Fratres militiae
Christi de Livonia*），用来保护刚刚基督教化了的利夫人
（Liven）抗击他们的异教同胞。不过，1236年在跟立陶宛人

对抗的绍勒（Schaule）战役中，大量的骑士团骑士阵亡，以至于幸存者在教皇的施压下转入了条顿骑士团。1235年，同样的命运就曾落到普鲁士基督战士骑士团（*Milites Christi de Prussia*）[1]的头上；自1228年起，他们本应在普鲁士主教克里斯蒂安（Christian）和马索维亚的康拉德公爵的策动下，以维斯瓦河畔的多布林（Dobrin）城堡为中心与条顿骑士团形成均势，但未能胜任这一任务。

当有人问及这些故事共同的特征时，就会注意到西多会修士在骑士团产生时的重要作用，这些骑士团结合了军事生活方式和僧侣生活方式，是全新的、不同寻常的。它们的发展基础是十字军运动的非常形势，随之而来的是反对穆斯林和异教徒的战斗，这成为巴勒斯坦以及西班牙和波罗的海国家的长久事态。从外围的这些各自极端的条件中产生了类似的组织结构——贵族的骑士兄弟、非贵族的军士兄弟和随军神父组成的三级等级制，其中骑士作为领导阶层，由他们派出骑士团团长。为了管理财产和招募新成员，在欧洲出现了很多骑士团分会，它们的收入大部分流入了作战地区。只有圣殿骑士越来越多地将他们的经济活动转移到欧洲，他们成为银行家和贷款债权人。骑士在任何地方都没有达到过僧侣和武士的真正结合，但是骑士团的高要求和声誉也极大提高了过着世俗生活的

---

1 即多布林骑士团。

骑士的自我意识，以至于他们将自己看作是一个国际性的战士阶层（*ordo militaris*）的成员。

这一骑士阶层崇拜他们自己的守护圣徒。这些圣徒全都曾是罗马军官，并在十字军运动和收复失地运动的危险中作为帮手和战斗先驱获得了权威。圣乔治（Georg）立刻脱颖而出成为这些守护圣徒中最重要的，据说他因为自己的基督教信仰在戴克里先（Diokletian，284—305 年在位）皇帝统治时期的卡帕多西亚（Kappadokien）被斩首。对他的崇拜的中心地在英格兰，国王爱德华三世（Eduard Ⅲ，逝世于 1377 年）将自己建立的嘉德骑士团（*Order of the Garter*）置于圣乔治的保护之下，并为他在温莎（Windsor）宫建立了圣乔治教堂作为中心；不过皇帝腓特烈一世巴巴罗萨（Friedrich Barbarossa）也表达了对他的尊崇，还将 1189 年圣乔治日（4 月 23 日）定为自己十字军东征的启程日期。圣马丁（Martin）也是骑士守护圣徒，他于 356 年左右在亚眠（Amiens）城外与一个受冻的乞丐分享了自己的骑兵披风，并因此凸显了一个骑士必须要表现的基督教博爱精神。此外还有圣莫里斯（Mauritius）。临近 3 世纪末时，莫里斯作为底比斯军团的指挥官率领士兵殉难，在加洛林时代对统治者的礼仪赞美中他就已经作为军事圣徒出现。955 年在奥格斯堡（Augsburg）附近的莱希费尔德（Lechfeld），圣莫里斯是奥托一世（Otto der Große）抗击匈牙利人的战争守护神，从此以后他一直是伟大的帝国守护圣徒之一。这些圣徒以图像的形式被展现在他们的崇拜者眼前，例如 306 年在帖撒罗尼迦（Thessalonike）地区被处死的圣底米丢（Demetrius）作为披甲骑兵出现在一幅 12 世纪的拜占庭金色圣像画上，狮子亨利 1172 年把它从君士坦丁堡（Konstantinopel）带回。很早以前，人们就曾讲述他们的事迹。阿夫朗什的雨果（Hugo von Avranches）随同征服者威廉于 1066 年到了英国，并在那里成为切斯特（Chester）伯爵。据英国诺曼人编年史作者奥德里克·维塔利斯（Ordericus Vitalis，1075—1142）说，在这位伯爵的宫廷，一个名叫格罗尔德（Gerold）的教士吟咏了莫里斯、乔治、底米丢以及其他的军事圣徒——如狄奥多里克（Theodorich）、塞巴斯蒂安（Sebastian）和尤斯塔斯（Eustachius）——的故事。也就是说，围绕通常的圣徒传记，当时就已经蔓生出了世俗的补充，至少关于尤斯塔斯就有一部经文学加工的英雄史诗（武功歌，Chanson de geste），它的片段保留了下来。后来还建立了纪念基督教骑士的场所，如保存了来自圣地的圣人遗物的巴黎圣礼拜堂，又或如柯尼斯堡（Königsberg）大教堂，后者关于欧洲的普鲁士十字军战士的纹章湿壁画是国际交往的纪念碑。

十字军东征的思想与完全不同的政治纲领的结合尤其毫不掩饰地表现在 1204 年 4 月。第四次东征的战士在威尼斯共和国的策动下占领了君士坦丁堡，并劫掠三天之久，而保卫这座基督教的圣城曾是以前十字军东征的主要动机之一。根据教皇们的倡议，从12世纪初起西班牙的收复失地运动也具有了十字军运动的性质；1147年教皇尤金三世（Eugen Ⅲ）免除了北德王侯和贵族向巴勒斯坦的远征，转而对异教的索布人（Wenden）进行十字军运动；从1245年起条顿骑士团拥有了教皇特权，可以对普鲁士人持续进行十字军运动。既然对于最初设想有这样宽泛的解释，那就离迈向基督教内部的十字军运动不远了：从1209年起打击异端如朗格多克的阿尔比派（Albigenser），1239年起打击教皇的政治对手如腓特烈二世，1420年起针对波希米亚的胡斯信徒（Hussiten）。由此，这一思想流传开来并发生了变化，而且一直活跃着；1454年，即君士坦丁堡被土耳其人占领一年后，勃艮第公爵"好人菲利普"（Philipp der Gute von Burgund）与高等贵族的代表们在里尔（Lille）著名的野鸡宴上发誓进行一次十字军东征，不过这后来并没有得以实现。

自1304年起，条顿骑士团的十字军运动特许权导致了西欧贵族对立陶宛人的普鲁士远征。每年参与征战的人们都会相遇于冬季行动季，以便穿越结冰的沼泽进入异教徒的领地。这种征战参与者们的国际联合无疑因个人交往而加深。如何在基督教的视角下看待这些行动？条顿骑士团随军神父杜伊斯堡的彼得（Peter von Dusburg，逝世于1326年以后）在他的普鲁士编年史中是这样讲述的：在德国，一个女隐修士听到了恶魔的吵闹，他们向普鲁士进发，去那里观看一场大的战役。在归途中他们告诉她，基督徒遭受失败，不过所有阵亡者的灵魂都得救了，只除了三个，他们不是出于虔诚投入战斗，而是"为了做骑士"(*exercendi miliciam suam*)。这里表述得很克制，因为并不是一小部分人为了贵族骑士的声望动身去普鲁士，而是大部分贵族十字军战士在柯尼斯堡的盛宴、庆典和游戏中寻求在一个骑士上层集团中的社会自我认同，在追捕不具有战士身份的对手时感受到运动的快乐，并同时获得异教徒抗击者的光环。

因此，仅从十字军东征的思想出发，普鲁士远征是无法理解的，也必须从远行(*lointaine voyage*)的角度来看，即向遥远地区的旅行(Reise)。自从法国作家特鲁亚的克雷蒂安(Chrétien von Troyes)第一次谈起，远行(*lointaine voyage*)就成为了骑士生活方式的固定组成部分。对模范骑士的生平描述，如 *Histoire de Guillaume le Maréchal*，即彭布罗克伯爵威廉·马歇尔(William Marshal，逝世于1219年)的故事，从13世纪起提供了越来越多的关于前往耶路撒冷、罗马和圣地亚哥，到陌生的伟大君主的宫廷和去遥远的马上比武场地旅行的细节。科隆的城市贵族鲁特格·赖茨(Rutger Reiz)据说到过普鲁士32次。荷兰骑士达尼埃尔·凡·德尔·梅尔韦德(Daniel van der Merwede)1356年在普瓦捷战役中为法兰西的约翰国王(König Johann von Frankreich)而战，后来去了耶路撒冷和西奈半岛的圣凯瑟琳修道院；他曾担任塞浦路斯国王彼得一世

（Peter Ⅰ von Zypern）的兵马总管（Marschall），从那里经过君士坦丁堡并穿越保加利亚到了利夫兰；1361年夏天他在伦巴第，后来他离开那里前往西班牙西北部的圣地亚哥－德孔波斯特拉（Santiago de Compostela），随即为布拉班特抗击佛兰德伯爵而战。这位梅尔韦德骑士甚至没有鄙弃在摩洛哥的伊斯兰国王那里的差事，除了极少的几次中断，他一直到处奔波，直到1379—1388年间在罗德岛去世。

　　中世纪后期欧洲骑士的流动性很强，上述所举绝不是罕见的例子。其中有很多人在寻找被雇佣服役（Solddienst）的机会；如果他们希望本着十字军东征的精神积极地活动或者想以其他方式赢得名望，那就不是所有的人都得自费旅行。名望带来社会声誉，旅行越远越危险，声誉就越大。同样进行旅行的传令官（Herold），以他们的荣誉致辞创造必要的公开性，但是旅行者自己也为之努力，他在尽可能多的地方留下自己的纹章，比如悬挂纹章盾牌，或者按照知名的喷绘者涂画的方式在常被光顾的建筑物的墙上涂抹和刻画。临近14世纪末，边疆伯爵萨卢佐的托马（Thomas von Saluzzo）在他的《漫游骑士书》（Livre du Chevalier Errant）中总结了"流浪骑士"这种类型的特征；不久后很多关于此类骑士的长篇小说问世，对它们的过度阅读使堂吉诃德失去了理智。然而对世界的认识始终是男性的，是在旅行中获得的，这些旅行不像商人的出行一样服务于收益，但却以它们的方式属于欧洲扩张的开端。很多曾经

贡献给十字军运动的能量流入旅行之中，当然也包括对于未知
事物的好奇，而它独特地以伟大的个人开始，如埃尔南多·科
尔特斯（Hernando Cortez，逝世于1547年）和弗朗西斯科·皮
萨罗（Francisco Pizarro，逝世于1541年）（分别是墨西哥和秘
鲁的征服者）：他们并不就是流浪骑士，不过却是这一传统的
子孙。

第五章 ———————— 融入贵族生活：
宫廷

　　除作为战斗的武士阶层这一角色之外，骑士阶层一步步地发展成为了欧洲文明的一个强有力的因素。这从总体上看要归功于其与大领主的宫廷的联系，在那里，骑士遇到了拉丁文化教育的承载者，遇到了诗人和造型艺术作品。从这些联系中产生了创造自身文化成就的推动力，他们意识到，自己属于一个精英群体，其价值观和生活方式仅限于少数人。

　　一座宫廷（*curia*）的重要性取决于其领主的地位。这不仅涉及直到中世纪晚期都要经常且长距离地更换他们驻地的国王和王侯，而且还涉及主教，这些主教从古代晚期就跟他们的城市紧密相连，并因此能比世俗大领主更早地形成组织良好的宫廷管理。那些世俗大领主的随从人员和周围环境在巡游统治（Reiseherrschaft）的特殊条件下经常发生变化。在德意志王国，世俗王侯建立官邸的萌芽自12世纪70年代才出现，狮子亨利在不伦瑞克（Braunschweig）、巴本贝格家族的亨利二世（Heinrich Ⅱ, Jasomirgott）在维也纳进行建造，图林根侯爵路德维希三世（Ludwig Ⅲ）和赫尔曼一世（Hermann Ⅰ）对埃森纳赫（Eisenach）附近的瓦特堡（Wartburg）进行改建；而与此同时，本地骑士的宫廷生活方式和价值观念也在很多方面赶上了较高的贵族。从加洛林王朝以来，较大的宫廷就拥有固定的核心——宫廷礼拜堂（Hofkapelle）的教士，他们负责礼拜，进行管理，并越来越多地也负责科学、文学、艺术或者建造；人们通过英国的原始资料了解到，自12世纪前半叶起，王室家庭的结构日渐完善；不久以后在德国，掌酒官（Schenk）、膳务总管（Truchseß）、兵马总管和司库大臣（Kämmerer）这四大宫廷官职就变得普遍了。13世纪末在科隆大主教的宫廷中，除了宫廷教士，还有为家臣所担任的职位：行政官员（advocatus）负责财产管理和司法权，司库（camerarius）负责日常收入的管理，膳务总管（dapifer）负责食物供应，而掌酒官（pincerna）负责饮料供应，兵马总管（marescalcus）负责马匹存量、组织旅行和统率军队（Heerführung）以及下层仆役，其中也包括手工艺人。

不过，宫廷的特性并非来自常设官职及其任职者，而是来自许多因各种原因或长或短停留在那里的访客。所以博学的威尔士人瓦尔特·马普（Walter Map，逝世于1209年/1210年）径直将宫廷定义为"不稳定和多变的，有地域性的和迁移的，因为人员每常不同，有时都不像是它自己了。当我们离开它的时候，我们清楚地了解它；当我们一年之后回来，一副新的面孔在欢迎我们，而我们自己是新人。我们发现当地人被外来者排挤了，主人被他们的仆人挤走了。宫廷还是那个宫廷，但它的成员已经更换了"。稍晚些时候，德国诗人瓦尔特·封·德尔·福格威德（Walther von der Vogelweide，逝世于1230年左右）表达了同样的意思："任何因病痛而患耳疾的人，这是我的忠告，/他要经图林根的宫廷而不入，/因为如果他去那里，那么他就会真的完全变聋。/我投入拥挤的人群，直到我再也不能忍受了：/一群人出去，另一群人进去，日夜不息。/在那里还有人理解些什么，便是一个伟大的奇迹。"这两个都叫作瓦尔特（Walther）的同名者是行家：瓦尔特·马普作为主教吉尔伯特·福利奥特（Gilbert Foliot）的宫廷教士（Hofkleriker）首先在赫里福德，然后在伦敦，不过特别是从1173年起在亨利二世（Heinrich Ⅱ）国王那里待过；瓦尔特·封·德尔·福格威德作为诗人，在巴本贝格公爵位于维也纳的宫廷中，在施陶芬王朝的国王施瓦本的菲利普（Philipp von Schwaben），在皇帝奥托四世（Otto Ⅳ）和腓特烈二世那里，在边疆伯爵、大主教和主教那里，必须为他每日的口粮而歌唱。他们所看到的不仅仅是风俗画，因为他们抓住了宫廷和它的文化最重要的方面之一。一切都取决于领主的声誉，取决于他独自做出决定的力量，或者取决于使国内的大领主参与其中的政治必要性。因此宫廷是一个权力和人聚集的中心，它反映了等级制度，并且是竞争的战场，但对于忠诚关系不是特别好的温床。

为了把人留在自己身边，领主必须要将他的宫廷打造得有吸引力，他越是需要依赖帮手，越努力地追求在一个给定的空间里成为唯一的中心的政治力量，越强烈地想要向这个空间和其中的居民施加影响，就越得如此。借助于宫廷，领主试图让潜在的对手参与进来，因此组成了一个随从的队伍，它在领主实施法律行为、召集帝国集会或在接待使节时围绕着他，其规模和配置表明了领主的地位。领主通过授予宫廷官职的方式使人分享权力并同时控制着参与者；他开启了飞黄腾达之路并使如此受到奖赏的人与不能在宫廷中立足的竞争对手拉开了距离；他给他的宫廷成员机会去观察他们的竞争对手，并在追逐恩宠的过程中超过他们。不过，宫廷官员的这种行为能够对领主产生一种持续的压力，因而领主必须要成功地创造一种宫廷氛围并唤起人们参与其中的愿望。

权力和赏赐在此不可分割地休戚相关，因为领主必须要奖赏能干的人并展示慷慨（*largitas，largesse*），而不是表现出贪婪和吝啬（*avaritia，avarice*）；13世纪中叶左右游吟诗人索代尔（Sordel）认为，人们从馈赠和接待上辨别出好的宫廷，因为人们什么也得不到的地方，"那不是宫廷，而是一群坏人"（*non es ges cortz, mas ajostz d'avols gentz*）。但正因如此，正确挑选人员决定了宫廷氛围的质量，因为如果宫廷要通过政治权力和对它的展示发挥作用，就必须阻止不适合的人涌入。领主将人留在自己身边的天赋必须与他摆脱不受欢迎的人的力量相符；只有当王侯善于将知人之明和内心的冷酷结合在一起，他才能使人员的流动成为一种统治的手段。

托斯卡纳边疆伯爵（Markgraf der Toskana）和斯波莱托公爵（Herzog von Spoleto）韦尔夫六世（Welf Ⅵ，逝世于1191

年）赠给他宫廷中的骑士（*curiae suae militibus*）豪华的甲胄和光鲜耀眼的衣服，以这种方式证明了慷慨。这是很典型的，因为宫廷对出身较为贫寒的骑士的吸引力主要在于领主的扶持，他捐助他们食物和衣服，为他们支付马和武器的费用，开辟了通过马上比武、私战和战争获取财富的可能性。在这样一个家族卫队 [Haustruppe（*mansio*，*mesniee*）] 内部，在不怎么依赖这种捐赠的人和更多要依赖这种捐赠的人之间，当然会产生矛盾，更不用说，所有宫廷侍臣都在为获得领主的恩宠而竞争。所以，宫廷骑士需要关于他行为的尽可能响亮的好名声，他们为谁服务并不重要，只要这些行为是光荣地完成的。此外，一套面对等级地位不同的人的礼仪规范缓和了竞争；这些社交技巧提供了性格培养的群体动力学基础，这种性格培养将有教养的绅士（*gentil homme*）与其他男性区分开来，并最终使自我克制成为在一个必须约束和隐藏情感的宫廷社会中生存的最重要的条件。所以，特鲁亚的克雷蒂安赞扬他的主人公埃雷克（Erec）不向人们显露他的忧虑，安杰文宫廷上下赞赏"狮心王"理查一世（Richard Ⅰ Löwenherz，1189—1199年在位），因为人们既看不出他的欢乐也看不出他的悲伤，看不出他的懊悔或者苦恼。

人们从这种不断经历的自我克制（*disciplina*，*zuht*），从与开朗（*hilaritas*，*fröude*）和节制（*temperantia*，*mâze*）相连的好的举止（*elegantia morum*，*schoene site*），从语言、服装和动作

的一种特别的优雅，辨认出宫廷教养（*curialitas*）。*curialitas*这个拉丁语概念从11世纪后半叶就出现了；在民间用语中，它可能先从12世纪30年代在普罗旺斯语（*cortezia*）中出现，1150年后也出现在法语（*courtoisie*）和德语（*hövescheit*）中。通过一套形式规范，一个由公开的和不公开的暴力使用所决定的社会为自己规定了一套缓冲的规则，不过人们绝对不可将之视为一个新的、变完美了的现实的真实写照，毕竟连知名人物如瓦尔特·封·德尔·福格威德，即便他还受到侯爵的特别庇护，在图林根宫廷都不能避免一个家臣的粗野攻击："格哈德·阿策先生在埃森纳赫打死了我一匹马。"（*Mir hât hêr Gêrhart Atze ein pfert erschozzen zIsenache.*）贫穷的诗人无力地控诉对于他财产的严重损害。这就是一种教育学、美学和伦理学的结合，在宫廷中只有在教士的帮助下才能以这种形式发展和传授，因此，在宫廷骑士的形象中，只有现实的一部分被捕捉到了，也就是那些能够参与较大规模宫廷运转的人的生活方式，以至于这些人被纳入遵循宫廷准则的行列，受其约束并直到某种程度也为其所影响。归根到底，这一套规范一直是持久自我教育的一个标准，所以，尤其是在德国宫廷史诗中有许多有教育意义的章节。当沃尔夫拉姆·封·埃申巴赫（Wolfram von Eschenbach）讲述戈内曼茨（Gurnemanz）侯爵如何引导天真少年帕尔齐法尔（Parzival）熟悉宫廷礼仪时，这是为了使听众认同一种值得去追求的社会形式。这一社会想要限于少数人，它通过

姿态、语言、服饰和举止被凸显出来，跟举止被鄙为乡下人
（*dörperlîch*）的局外人隔绝。不过，正如不是所有受训的侍从
（Knappe）都成为了骑士，成为骑士的只有那些从一开始就确定
会成为骑士的骑士扈从（Edelknappe），也绝不是所有的骑士都
被宫廷教养（*curialitas*）的理想所触动。这涉及一种精英现象。

　　这一宫廷文化由教士，即伟大的武士教育者和骑士阶层
真正的发明者，传授给了世俗贵族。从12世纪起，教士的概
念发生了明显改变，因为每个在高级学校受过教育的人虽然
具有教士身份，但不一定会领受高级圣职，这样*clericus*和
*laicus*之间的区别就发生了变动，从"神职人员"和"世俗人
士"的对立转向"受过教育的人"和"没受过教育的人"之间
的区别。这些知识分子也在宫廷寻找谋生的机会，并设法使
世俗教育世界和宗教教育世界、无知的文盲世界和博学的教
育世界相遇、碰撞，使它们在不久之后互相渗透，以至于它
们在理想的情况下能够由同一个人来体现：从前有一名骑士
很博学/他无所不读/凡书上所写/他叫作哈特曼/是奥埃的封
臣（*Ein ritter sô gelêret was / daz er an den buochen las / swaz er
dar an geschriben vant: / der was Hartmann genant, / dienstman
was er zOuwe*）——家臣哈特曼·封·奥埃以自豪地承认他
的阅读能力开始了患麻风病的可怜的亨利希的宫廷传奇；在
沃尔夫拉姆·封·埃申巴赫的《帕尔齐法尔》中，隐士特莱
维生特（Trevrizent）解释说，他从前曾是一个精通读写的骑

士：虽然我是一个外行／真正的书的意义我并不陌生／我熟悉读和写（*doch ich ein leie waere,/ der wâren buoche maere/kund ich lesen unde schrîben*）。这符合一种当时普遍传播的理想要求。亨利二世一位曾经的宫廷教士吉拉尔多斯·坎布兰西斯（Giraldus Cambrensis，逝世于1223年）[1]在一部关于王侯教育的著作［《君主教育》（*De principis instructione*）］中，一面将这部著作构想为对金雀花王室的严厉清算，一面将古希腊罗马时代的伟大王侯描述为勇敢的战士和伟大的学者；繁荣昌盛的王国中的骑士，穿着武士的甲胄和哲学家的长袍都能行动自如。

古希腊罗马的王侯成为榜样，国王成为骑士，宫廷成为骑士阶层的中心：从法国和尼德兰出发，在这一基础上产生了一种前所未有的贵族世俗文化，受到作为一个新的知识分子阶层的教士阶层（*clergie*）和用民族语言书写其作品的诗人的支持。法国对文学、建筑、时尚、社交礼仪和武器技术的影响可以在德语中的法语借词中看出来，同样还可以从文学作为一种表达形式以及教学和展示性材料所具有的重要性中看出来。因为想要学习西方的生活方式，人们对于介绍这种生活方式的作品具有很大的兴趣，所以有对武器、挽具、服饰、马上比武和庆典的冗长描写；德语中的第一位叙事诗人亨利希·封·费尔德克（Heinrich von Veldeke，逝世于1190年左右），本身来自西方，

1　即威尔士的杰拉尔德（Gerald von Wales，1146—1223）。

来自马斯兰（Maasland），这不会令人感到意外。宫廷文学的三大主题范围也来自西方：卡尔大帝和他的随从人员（法国题材，*matière de France*），亚瑟王和圆桌骑士（布列塔尼题材，*matière de Bretagne*），古希腊罗马题材如特洛伊、亚历山大大帝（Alexander der Große）或者恺撒（古代题材）。没有大领主的庇护，不论何种文学作品都不会产生，因为一份羊皮纸手稿的制作成本很高，超出了诗人的承受能力，此外他们在德国还必须要设法搞到法国样本。

　　引人注目的是这些法国作品在德国被快速接受。可能从1165年起亨利希·封·费尔德克就已经在写作他的埃涅阿斯长篇小说，并利用之前几年才出现的法国《埃涅阿斯传奇》（*Le roman d'Eneas*）作为样本，这部作品的作者也许在英格兰国王亨利二世的妻子阿基坦的埃莉诺（Eleonore von Aquitanien）的宫廷生活过。埃莉诺也可能是托马·当格勒泰尔（Thomas d'Angleterre）的庇护人，托马在1150—1172年间写了《特里斯坦传奇》（*Roman de Tristan*）；奥伯格的艾尔哈特（Eilhard von Oberg）以此文学作品为模本，于1172—1189年间创作了《特里斯坦》（*Tristrant*），这极有可能是在狮子亨利的庇护下发生的；1210年左右戈特弗里德·封·斯特拉斯堡（Gottfried von Straßburg）利用托马的作品创作了他的长篇小说《特里斯坦和伊索尔德》（*Tristan und Isolt*）。在狮子亨利的宫廷，教士康拉德约于1170年按照1100年前后产生的法语作

品（Gottfried von Straßburg，《罗兰之歌》）改写了《罗兰之歌》
（*Rolandslied*）；大约在同一时期，很可能通过英格兰国王亨利
二世的资助，特鲁亚的克雷蒂安创作了他的史诗《埃雷克和埃
涅特》（*Erec et Enide*），家臣哈特曼·封·奥埃在1180—1185
年间将它译成了德语。克雷蒂安的其他诗体长篇小说——《狮
骑士》[*Le Chevalier au lion*，也就是《伊凡》（*Yvain*）] 和《圣
杯传奇》[*Le Conte du Graal*，即《培斯华勒》（*Perceval*）]，可
能于1200年前后分别被哈特曼·封·奥埃 [《伊万》,（*Iwein*）]
和沃尔夫拉姆·封·埃申巴赫 [《帕尔齐法尔》,（*Parzival*）]
采用。谁是哈特曼的庇护人并不确定，有可能是宰林根公爵贝
特霍尔德五世（Berthold V）或者韦尔夫六世；而沃尔夫拉姆
是由图林根侯爵赫尔曼一世资助的，此外也许还有韦尔特海姆
的珀波（Poppo von Wertheim）伯爵。

　　文学创作素材得以传播，过程曲折且实属偶然。"狮心王"
理查一世1194年从皇帝亨利六世（Heinrich VI）的监禁中获释
后，英国贵族人质一直留在德国，直到赎金全部付清，他们中
的一个名叫休·德·莫维尔（Hugh de Morville）的人，为了
消遣随身带着"关于朗斯洛的法语书"（*daz welsche buoch von
Lanzelete*）[1]，即法语的有关朗斯洛的长篇小说。宫廷神甫扎齐
克霍芬的乌尔里希（Ulrich von Zatzikhoven）借来了它并把它

1　这个说法出自扎齐克霍芬的乌尔里希的诗句。

改写翻译成了德语，因为亚瑟王的题材极其受欢迎。虽然亚瑟王的历史存在备受质疑，但1191年英国萨默塞特伯爵领地（Grafschaft Somerset）格拉斯顿伯里（Glastonbury）修道院的僧侣们发现了这位国王和他妻子吉尼维尔（Guinevere）的墓穴。这使众位骑士国王获得可信的光环，而且还有利于这种愿望——将1154年起开始统治英格兰的安茹－金雀花王朝置入古老的海岛传统中，并将它向凯尔特人的领地威尔士、苏格兰和爱尔兰的扩张合法化。所以据说"狮心王"理查佩带着亚瑟王的王者之剑（Excalibur, *Caliburne*），他的兄弟约翰（Johann）拥有特里斯坦的宝剑。从13世纪起在欧洲许多地方举办了马上比武，其参与者像圆桌骑士一样着装，在15世纪有了亚瑟王骑士的目录，包括他们的生平和纹章。

　　不过，人们不仅想要听英雄们的故事，也想要看到他们并尽可能让他们在自己周围。所以如同教堂墙壁上有圣徒生平的系列，在贵族城堡中也有英雄故事的壁画。最美的例子是根据哈特曼·封·奥埃的长篇小说《伊万》创作的著名的湿壁画，它们出自14世纪早期，保存在南蒂罗尔的布里克森（Brixen）附近的罗登哥（Rodenegg）城堡，几乎同时，相同的主题出现在图林根侯爵位于施马尔卡尔登（Schmalkalden）的一所房子里；帕尔齐法尔题材则以来自吕贝克、不伦瑞克和康斯坦茨（Konstanz）的壁画闻名，因为出身市民的城市新贵来自城市领主的家臣阶层并且接受了骑士－宫廷文化的主要部分。

　　布列塔尼题材牢牢地掌握在世俗人士手中，而对古希腊罗马题材的接受则以宫廷中拥有博学的教士为前提。在十字军东征中亲临东方的古希腊罗马遗址的直接经验提高了接受相关题材的乐趣；这不仅适用于古老的皇城君士坦丁堡，也适用于特洛伊战争的地带，按照传说，法兰克人以前来自那里。法国教士圣莫尔的伯努瓦（Benoît de Sainte-Maure）1165年前后将他的特洛伊长篇小说（*Roman de Troie*）献给阿基坦的埃莉诺，并将中心主题与金羊毛的故事和奥德修斯（Odysseus）的漫游，围绕伊阿宋（Jason）和美狄亚（Medea）的爱情情节，以及对武器、帐篷和宫殿的详细描写结合在一起。古希腊罗马的榜样对于骑士的价值大大提高了，以至于从14世纪初起一种大的群体组合成为可能，它在"九杰"（Neuf Preux）中表现出来，九大英雄（Neun Gute Helden）成为优秀骑士的典范：三名《圣经·旧约》中的英雄（约书亚、大卫、犹大·马加比），古希腊罗马时期的三名英雄[赫克托耳（Hektor）、亚历山大大帝、尤利乌斯·恺撒]，基督教的三名英雄（亚瑟王、卡尔大帝、第一次十字军东征中耶路撒冷的征服者布永的戈弗雷）。骑士以此被编排进入了世界历史之中，不过理解这一信息需要专门的知识，这样，骑士阶层（*chevalerie*）和教士阶层（*clergie*）就相互依赖。

　　所有这些文学创作都是作为社会事件发展起来的，因为它们不是被个人安静地阅读，而是在宫廷里被吟咏。当诗人在一

个虚构的环境中向一群诡计多端、抱负远大和嫉妒成性的听众
展示他们自己的冲突，他可以创造距离，用言语表达紧张关
系，以著名英雄的例子提供标准情境中的行为典范。13世纪的
诗体长篇小说一再明确要求模仿（*imitatio*）：国王应该像卡尔
大帝一样是信仰的先锋，骑士应该像罗兰（Roland）一样勇敢，
像奥利维耶（Olivier）一样聪明。人们有意识地使现实和文
学肖像相互交融：马尔穆捷的约翰（Johann von Marmoutier）
1175年前后在亨利二世和他的妻子埃莉诺的宫廷中将安茹的杰
弗里（Gottfried von Anjou）[1] 描述为模范骑士，他在此是严格按
照被国王夫妇资助的诗人的标准行事，因为亨利希望他的父亲
是这样被看待的。反正文学是为一个社会的自我确认服务的，
这个社会的接受活力要求有不断翻新的题材，但是诗人绝不描
述主流的社会价值观，而是向听众展示他们应该怎样，并且在
一定程度上最后使得听众想要如此，以这种方式诗人才使这些
价值观显露出来。这种通过文学创作进行教育获得成功的首先
出现在法国并从那里继续传播，以至于文学能够成为同时代人
对于骑士制度和宫廷文化加以想象的最重要的原始资料。相关
人士已经完全意识到了，这些都是想法而不是现实。1215—
1216年冬天，上意大利教士泽尔克莱厄的托马辛（Thomasin
von Zerklære）在阿奎雷亚（Aquileja）最高主教的宫廷用德语

---

[1]　即亨利二世之父，于亨利二世婚前去世。

写了《外国客人》(*Welscher Gast*)，这是一部行为规范，他想
以此使年轻的德国贵族了解同时代长篇小说中的榜样并使他们
尊重主要美德——坚韧 (*staete*)、节制 (*mâze*)、公正 (*reht*)
与和善 (*milte*)，所有这些都是遏制粗莽的和突发的情感表现
的手段。他认为，在这方面宫廷的文学创作也是有用的，因为
它在虚构的典范后隐藏了一种更高的真实。哈特曼·封·奥埃
于 12 世纪 80 年代在《埃雷克》中提供了关于马上比武的第一
篇德语描述；与他那个时代的风俗习惯相反，他特别强调，在
此重要的不是战利品，而是骑士的名望 (*ritterschefte mêre*)。
而施蒂里亚的家臣乌尔里希·冯·利希滕施泰因 (Ulrich von
Liechtenstein，逝世于 1275 年) 则离现实又近了一大步，在他
的虚构自传《为女性效劳》(*Frauendienst*) 中他讲到，骑士参
加马上比武是出于雄心壮志，是因为期许着物质利益，是为了
贵妇，也是为了军事训练和名望。

乌尔里希·冯·利希滕施泰因的《为女性效劳》是在普
罗旺斯游吟诗人虚构的生平记述 (*vidas*) 基础上创作的，这
样就很容易提出这个问题：女性在骑士的－宫廷的社会中究竟
有过何种重要性？12 世纪和 13 世纪的文学作品，尤其是表达
骑士之爱 (Minne) 的抒情诗，当然也包括宫廷史诗和长篇小
说，使人获得女性极受重视的印象，不过历史编纂学的原始资
料对此几乎没有提及。虽然女性从 12 世纪起在宫廷中更明显
地出现，在庆典和马上比武时起重要的作用，但这些是特殊情

况，它们对于宫廷的日常生活说明不了什么。在寻求资助的过程中，某些贵妇作为一个强大领主的妻子可能会受到尊崇，这是求得生活费用、成功和飞黄腾达的手段。不过女性在这个方面也能够变得主动，因为她们自由支配她们的婚产，在家里是女主人，并且在她们的丈夫经常性长时间缺席期间也是他们对外的代表；她们管理城堡，并且也能将其作为孀居财产自己拥有它们；从12世纪起她们逐渐进入采邑关系。王后和王侯夫人，如阿基坦的埃莉诺、她的女儿香槟女伯爵（Gräfin von der Champagne）玛丽（Marie）和狮子亨利之妻玛蒂尔达（Mathilde），在她们自己的宫廷管理中也对文学提供赞助。

为女性效劳的骑士义务作为爱情和服务的结合首先于12世纪早期在普罗旺斯被表述出来；它的传播与不断增强的玛利亚崇拜、与女性修道团体和最终贯彻执行针对所有神职人员的不婚制在时间上有明显关联。不过除同步出现之外，在这些错综复杂的现象之间是否也存在内在联系以及这些联系各自可能是哪种性质，就如同这种骑士之爱文化的特性一样难以确定。在研究中，宫廷爱情一直还被着重描述为相互的爱情，就如同另一方面贵妇的难以接近被强调为必要的和决定性的特征；人们将通奸和婚姻中的爱情置于同等地位，不过作为目标出现的似乎是未婚的女性。柏拉图式的禁欲态度和情欲的推动力相互补充又相互矛盾。

这里显然有一个如何解释的问题。在整个中世纪都没有发展出"宫廷爱情"的固定理论，人们更热衷于不断讨论，情人作为宫廷社会的成员必须如何表现，最好的方式是什么。因此宫廷情歌、长篇小说和短篇小说不可以作为重构现实的原始材料来解读，而只能作为参与谈论这一构想的文章：在基督教的博爱（caritas）之外，有一种通过行为规范文明化了的并以这种方式合法化了的世俗爱情（amor）。如果一个骑士，——至少话语主线是这样的——，在一个女性愿意的情况下，专注在这个女性（她不必是他的妻子）身上，对她保持忠诚并且不求回报，在性方面克制并且体贴入微，始终对她一往情深，那他就满足这样世俗爱情观念的要求。

这里构想了理想爱情的一种模式，它反对通常的短暂的爱情享受，反对强奸、乱交和欺骗，也就是说这种构想是虚构。宫廷小说中就已经充满了例子，用以说明主人公要满足这些要求有多么困难，事实上这些要求对于女性的地位没有实际的影响。因为只要家庭在保持和提高政治权力、在保障和增加财产时始终是一个主要因素，只要用来联姻的女性是忠于联盟的一种信物和用来合法延续以继承权为基础的王朝的一个必要工具，那么任何婚外的情爱关系都是对于社会制度和法律制度的颠覆性攻击，它对所有的参与者都是极其危险的，参与者也会被残酷地惩罚。戈特弗里德·封·斯特拉斯堡在13世纪第一个10年以他的关于特里斯坦和伊索尔德（Isolde）的长篇小说指出了宫廷爱情规范与社会规范之间的冲突，这个社会必然要谴责两个情人的关系为通奸。

　　尽管如此，文学作品塑造的爱情话语还是获得了社会现实性，而且是通过对这些作品的公开吟咏。因为一旦这类话题被宫廷社会接受，围绕有教养的爱情的讨论就会在它那一方面在一定范围内产生教化的效果；通过文学的介绍，它从法国传过来扩展到整个欧洲，其重心在各大宫廷，并一再使人意识到理想与现实的深刻矛盾。自从在第二次十字军东征（1147—1149）中与普罗旺斯抒情诗相遇，骑士之爱在德国就成为了抒情诗的中心主题：首先通过德尔·库伦贝格尔（Der Kürenberger）和艾斯特的迪特马尔（Dietmar von Aist）出现在多瑙河国家的宫廷抒情诗中；在那之后，自12世纪70年代起，又出现在豪森的弗里德里希（Friedrich von Hausen）或施泰纳赫的布里格（Bligger von Steinach）所在的施陶芬家族和图林根侯爵或者亨利希·封·莫伦根（Heinrich von Morungen）所在的迈森（Meißen）边疆伯爵的宫廷中。瓦尔特·封·德尔·福格威德达到了形式和主题上的一种少见的广度，肯定是因为他积极奔走于很多非常不同的宫廷之间。到15世纪，这种抒情传统才逐渐接近尾声，但是非常不确定的是，除了那些以诗人身份出现的、仿佛专业地为女性效劳的参与者之外，是否还有很多其他的骑士在此承担义务。已经被他的同时代人认为是榜样的威廉·马歇尔肯定是不做这个的，而他这样绝不是个例，因为不是每个人都认为有教养的-博学的骑士值得称赞。甚至连知识分子如索尔兹伯里的约翰（Johann von Salisbury，1115/1120—1180）都认为，诗歌损害战斗力，武士在宫廷中无论如何都会受到女性化（*effeminatio*）的威胁，按照他的设想，优秀的骑士无知识，却能征善战。

在这里，一种批评的声音相当清楚地发表意见。这批评从一开始就属于骑士－宫廷社会，并合乎逻辑地同这个社会一样在西方开始。诺曼僧侣奥德里克·维塔利斯将安茹伯爵富尔克一世（Fulco Ⅰ von Anjou）和英格兰国王威廉二世（Wilhelm Ⅱ）的宫廷描述为时髦的地方，在鞋和衣服方面轻浮且幼稚可笑，还把这与宫廷中骑士普遍的颓废现象联系起来——他们像女人似的披着用烫发钳弄鬈曲的长发，穿着带有极其不实用的裙摆的宽袖长袍，他们边喝酒玩游戏边听着可疑的故事直到深夜，并且以相当新式的方式簇拥在女性周围献殷勤。批评者对一种不再由宗教主导的文化最初的独立冲动集中地表现出了不信任，对这种文化来说，诗人吟咏与精心设计的奢侈服装和贵妇如云的庆典一样引人注目。作为通晓宫廷生活的行家，坎特伯雷大主教西奥博尔德（Theobald）和托马斯（Thomas）的秘书索尔兹伯里的约翰反对狩猎、世俗音乐和舞蹈，反对诗人吟咏和戏剧演出，反对作为宫廷社会典型的阴谋家和诌媚者。"宫廷生活是灵魂的死亡"（*vita curialis mors est animae*），布卢瓦的彼得（Peter von Blois 约1135—约1204）这样说。他在巴黎、沙特尔和博洛尼亚进行研究之后，作为未成年的西西里国王威廉二世（Wilhelm Ⅱ von Sizilien）的教育者在巴勒莫（Palermo）度过了1167年，不久又成为坎特伯雷大主教理查德（Richard）的文书室主管和英王亨利二世的秘书，达到了他职业生涯的顶峰。他生动地描绘了仆人和主人在膳食上明显的质量差别，哀叹路途奔波的不安定和辛劳，还有那些以琐事虚度的岁月。瓦尔特·马普也认为，宫廷社会由难以忍受的人组成，他们做一切可以讨国王欢心的事情。德国教书先生特里姆贝格的胡戈（Hugo von Trimberg，生于1235年前后，卒于1313年后）后来会说，在宫廷只有能用七条舌头说话的人才会获得成功。1250—1280年间，维尔赫·德尔·盖特纳（Wernher der Gärtner）在其诗体中篇小说《赫尔姆布莱希特》（*Helmbrecht*）中将论战简直公式化地推向了极端："谁能撒谎，他就满怀喜悦：/欺骗，那是宫廷做派"（*swer liegen kann der ist gemeit, / triegen daz ist hövescheit*）。出于同样的原因，王太子和后来的法兰西国王查理七世（Karl Ⅶ）的秘书阿兰·沙尔捷（Alain Chartier，1385/1395—1430）劝一个朋友不要在宫廷服役，因为人们在那里必须要学习撒谎和欺骗。宫廷文化最后仍然是一种高度矛盾的智识现象，带有欲望和现实之间无法消除的紧张关系的特征。

第六章 —————— 一个等级在形成

骑士－宫廷文化有赖于通过广大地区的相互联系所形成的
国际性，这些联系通过交换礼物、旅行和参加马上比武，不过
首先是通过年轻人在陌生的宫廷受教育建立起来，并随时被
更新。尽管人们始终都不曾忽略德国和罗曼语区的对立，并
且这些对立通过十字军东征中的相遇毋宁说是加强了而不是缓
和了，它们几个世纪以来在法国 *urbanitas*（文雅的生活方式）
和德国 *furor*（盲目的暴怒）的对照中以论战的形式被表述出
来，但通过语言知识以及与高等级的关系人（Bezugsperson）[1]
的交往来进行的文化移入推动形成了一种认识：生活方式具有
跨国界的统一性。法国骑士－宫廷文化的主导作用除了跟它所
代表的文明优势相关，也跟以法语为母语的骑士在对英国、南
意大利和西西里岛的诺曼征服中广泛的行动有关，跟法语诺曼
人参与收复失地运动的战斗、法国在十字军东征中的主要作用
有关。另外，来自外部的骑士作为旅行者，作为马上比武参与
者，作为在西班牙和在十字军东征中的战友，进入受法国影响
的文明圈。通过从 12 世纪早期起的这些相遇和随之产生的平

---

1 关系人：指人们与之有特别的个人关系的人，这种关系以信任、认同、关爱等为
　特征。在大多数社会和情况下，孩子基本的关系人为父母。

衡过程，骑士制度不同的发展线和因素更紧密地相互交织在一起：战斗和战争，以基督教为基础的暴力使用规则，封建荣誉，十字军运动的思想和宫廷文化都被联系在一起。从所有这些中产生了一种生活方式，它首先在香槟伯爵领地，在诺曼公爵领地和曼恩－安茹伯爵领地，在英国、佛兰德，而且不久以后也在德国，为贵族树立了标准。贵族（nobilitas）和骑士（militia）仍然有绝对的区别，因为贵族品质来自出身，而骑士资格能够按照特定的标准获得，并且从12世纪初起能够通过一种形式化的接纳行为被确认。

在10世纪人们就已经在法国说起，可以使某人"成为骑士"（militem facere）；从11世纪起这样的说法出现在英国－诺曼人的地区，一百年后再次出现在佛兰德和德国。这里出现了这样的句子，如亨利希·封·费尔德克的埃涅阿斯长篇小说中的"他还不是骑士，/ 明天我要为他授剑"（der nis noch ritter worden niet, / dem will ich morgen geben swert）或者《尼伯龙根之歌》（Nibelungenlied）中的"当他们按照骑士的方式被变成骑士"（dâ si ze ritter wurden nâch ritterlîcher ê）。这里提到的授剑（adoubement）的仪式，很可能于1100年前后在法国出现，该仪式从古老的、已经被塔西佗（Tacitus）描绘过的达到成年时交付武器的成年仪式发展而来，补充以骑士腰带的授予，它源出于公元后第一个世纪起罗马士兵佩带的腰带。在一份1122年后写成的盎格鲁－撒克逊的编年史手稿中，有关于1085年时的征服者威廉的记录：他于圣灵降临节在威斯敏斯特教堂将他的儿子亨利（Heinrich）"击打"为了骑士（*he dubbade his sunu Henric to ridere*）；这种"骑士击礼"（*colée*），最初用右手在候选人的后颈上完成，从12世纪后半叶起也在法国传播开来，并在14世纪中叶前后在德国流行开来，以至于它有代替所有其他仪式的危险。授剑仪式的日期首选教会的重要节日，主要是圣灵降临节，不过也有复活节和圣诞节，以及特别的圣徒日如圣米迦勒日或施洗者约翰日，其中各预定一次望弥撒。骑士的受封过程与教会庆典习俗和礼拜仪式行为间这种紧密的联系尤其清楚地表现在骑士祝圣仪式（Ritterweihe）中，在这个仪式中宝剑被从圣坛上拿起并被佩带在未来的骑士身上。这样一种礼拜仪式与加冕礼拜仪式相接近几乎不能被忽视，该仪式的见证始于12世纪，并且涉及法国、英国和德国。

　　遗憾的是，关于骑士晋升（Rittererhebung）的所有现存描述中最古老的一份撰写于1175年左右，展现了一种已经处于发展后期的仪式，不过这种仪式无疑有一段较长的前期发展过程。15岁的安茹伯爵杰弗里·普朗达戈奈（Gottfried Plantagenêt）[1]在1128年他与英王亨利一世的女儿玛蒂尔达的婚礼前夜在鲁昂（Rouen）晋升为骑士。他先沐浴，然后人们为他穿上一件用金线交织的白色料子做的短袖束腰内长袍、一件

————————

1　普朗达戈奈（Plantagenêt），意为金雀花。

紫色的外袍和饰有金色狮子的丝制的鞋子。这样装扮好了，人们便送他到国王面前。在那里一匹马被带到他的面前，人们为他穿上甲胄，戴上金马刺，把一张画着狮子的盾牌挂在他的肩膀上并为他配备头盔、长矛和一把来自国王宝库的宝剑。当时除了杰弗里还有另外30名年轻人晋升为骑士，并由亨利国王赠以武器。以这种形式呈现的过程在历史上，也就是说对于12世纪前三分之一时段，是否已经具有说服力，可以存疑，但是对于这一叙述的产生时代却既在历史编纂中也在文学创作中有类似的见证。被描述的一系列行为的单个部分都可以作象征性的解读并且也经常被解释，其中在加泰罗尼亚诗人、哲学家和神学家拉蒙·鲁尔（Ramon Llull, Raymundus Lullus, 可能逝世于1316年）流传广泛并极其成功的《骑士团宝典》（*Libro de la orden de caballeria*）中是这样的：沐浴代表洗礼的涤除力量，白色长袍代表要求身体的纯洁，红色长袍代表为保护教会必要时流血牺牲的义务，金马刺代表愿意像一匹被用马刺催促的战马一样快地去服从上帝的号令；具有两面剑刃的宝剑意在督促将正义和忠诚结合起来。像在加冕礼拜仪式中一样，所有的物品都具有符号特性，而且它们跟义务连在一起。

　　在法国，普通武士、城堡主、伯爵和公爵同样都能领受这种仪式，以至于骑士阶层（*chevalerie*）消除了社会的-法律等级的差别，并且迅速推进到了王权的层面。一位国王之子的授剑仪式的最早见证是蓬蒂厄的居伊（Gui von Ponthieu）伯爵的一封信，他要在 1098 年向当时 16 岁的法兰西王储、后来的国王路易六世（Ludwig Ⅵ）交付武器，"为了将他提升为骑士并授封"（*ad militiam promovere et ordinare*）。1135 年，西西里国王罗杰二世（Roger Ⅱ von Sizilien）将他的儿子们晋升为骑士，1149 年苏格兰国王戴维一世（David Ⅰ von Schottland）将后来的英格兰国王亨利二世晋升为骑士，在德国，一次正式骑士晋升的最早确例也来自王宫。1157 年 9 月 28 日，拜占庭使节在腓特烈一世巴巴罗萨的维尔茨堡（Würzburg）的宫廷集会上请求，年轻的施瓦本公爵腓特烈（Herzog Friedrich von Schwaben），国王康拉德三世（Konrad Ⅲ）的儿子，可以当着他们的面佩上宝剑并宣布为骑士（*gladio accingi et militem profiteri*）。这种语言使用表明，*miles* 这个词的含义在此期间重新扩展了：如果这个概念首先超出"封臣性质的盔甲骑兵"的一般意义，变成了过着骑士生活的骑兵武士（"骑士"）的称谓，那么它现在进一步专门化为一种术语，指通过授剑仪式才被创造出来的骑士。一篇中世纪的拉丁语文章在每种情况下各自指的是哪个层面上的含义并且因此哪种翻译是正确的，不是从这个词，而是只从它所在的上下文得出结果。

　　没有什么比德国最著名的授剑仪式更好地展现了一个跨阶层的，但是通过形式上的接纳变得限于少数人的骑士阶层的政治意义。1184 年，腓特烈一世巴巴罗萨皇帝在圣灵降临节时的美因茨宫廷集会上向他的两个儿子——亨利（Heinrich）国王和腓特烈（Friedrich）公爵——授剑，而高等贵族参与者在同时代的叙述中不再仅被称为侯爵、公爵或者伯爵，而是一再作为个人被称为骑士（milites）或者作为整体被称为骑士阶层（militia）。如果说腓特烈一世1176年时自身被证实是战场上勇猛的骑士（miles probus）并且还是首位亲自参加了马上比武的国王，这一定与1177年《威尼斯和约》签订之前他为那些意大利远征提出的高军事要求相关，但除此以外也跟他对家臣阶层的高度重视相关。皇帝让帝国家臣安韦勒的马克沃德（Markward von Annweiler）和卡尔登的亨利（Heinrich von Kalden）对皇子们进行骑士教育，以个人对骑士阶层的信奉促进了对他忠心耿耿的人们超越法律等级差异的群体团结。1189年他明确作为基督武士（miles Christi）去参加十字军东征，不过1155年他就已经在他那个时代的罗马人面前引证过古罗马骑士等级（equestris ordo）的勇猛和风纪，这个骑士等级从那时起就转移到了他的帝国。如同罗马的帝国经过加洛林王朝、萨克森王朝和萨利安王朝传到了他，德国骑士也是他们的罗马前辈的合法继承人；随着施陶芬王朝对于帝国的更新，骑士阶层也更新和强大了。这里表达的转移理论也多次出现在其他地方，如在可能于1220年前后出现的关于骑士的诗体叙述作品《克拉伦的莫里茨》（Moriz von Craûn）的序诗中；据此，骑士阶层起源于古典希腊，从那里它被移植到罗马，在罗马它从尼禄（Nero）时代起面临退化，以至于它不得不转移到法国，在那里，罗兰和奥利维耶友好地接受了它。在相同的意义上，特鲁亚的克雷蒂安认为骑士制度（*chevalerie*）来自罗马，经加洛林王朝发展出法国的骑士阶层。

与11世纪相比，高等和最高等贵族转向骑士阶层是新出现的，这表明，军事能力和知识——与手工-机械活动完全相反——不会降低社会地位。所以，弗赖辛的奥托（Otto von Freising）可以将作为萨克森公爵的狮子亨利既称为王侯（*princeps*）又称为骑士（*miles*），而如果骑士为保卫现存秩序从圣坛上拿下了宝剑，索尔兹伯里的约翰就将他们看作是王侯统治的参与者；他们为国家服务，通过这种方式他们为上帝服务，并以这种服务完成了托付给他们的使命。这绝不是纯粹的理论，因为欧洲骑士阶层的活动范围和自我认识通过十字军东征明显扩展了。尽管双方都有攻击性的言论，但在联合作战或者交换礼物时，还是一再会有西方基督教文明和东方伊斯兰文明的相遇。西方的观察者按照他们通常的类别来评判对手，特别是当对手在军事上成功时：像萨拉丁（Saladin）那样战斗并获胜的人只能是一名骑士。这一被设想为具有普遍性的骑士阶层越来越迫切地寻找它的理想典型，于是骑士美德的特别卓越的在世代表人物就与来自文学作品的伟大榜样一起出现了。教士马尔穆捷的约翰在1170和1180年之间在安茹的杰弗里的身上汇集了三种这样的理想设想，也就是武士、学者和善交际者，他将杰弗里对骑士战斗的抱负与他在钻研人文学科时的热情放在一起，描述他武艺娴熟、聪明正直、慷慨英俊。没过多长时间，1194年后不久，牧师阿德尔的朗贝尔（Lambert von Ardres）称赞年轻的伯爵吉讷的阿诺尔德二世（Arnold Ⅱ von Guînes）战斗勇敢，举止出众，在宫廷风趣上堪称完美，比他的宫廷中的其他人都漂亮，总是活泼开朗，友好对待每个人，处处受到欢迎。这些描述中的习俗性的东西能被很容易地看出来，与此同时还有几乎是标准的、对一种类型的看法。为了把凯尔特人、盎格鲁－撒克逊人和诺曼人团结在一个骑士国王的统治下，"狮心王"理查利用了亚瑟王的传统，这个骑士国王对于那个在这期间经过文学加工并适应了时代的传说形象的模仿（imitatio），结果应该尽可能地完美。理查不仅被与罗兰，而且也被与古希腊罗马时期的英雄人物如赫克托耳（Hektor）、阿喀琉斯（Achill）或者亚历山大相比，他如此想要按照文学人物的行为行事，以至于他自己的传奇在13世纪就完整了：一名勇猛的骑士，勇敢，不羁，慷慨而优雅，集诗人和引诱者于一身。

不过普通人只能艰难地接近这样的理想形象。因为不再有人能够仅通过军事能力成为可敬的骑士，而是必须也要掌握宫廷社交礼仪，所以一种准备性的教育就变得必不可少。因而年轻贵族从12岁至14岁起，要在他的家庭之外的亲戚那里或者陌生的宫廷中度过较长时间，以便在那些地方做骑士侍从，并在不固定的教育者的指导下学习宫廷的行为准则，习武

和骑马（Reiten），利用弓（Bogen）、猎狗（Hunde）和鹰隼
（Beizvögel）进行狩猎（Jagen）。因为没有针对骑士侍从培养
的有计划的非个人的教学大纲，这种通过实践进行的教育以贵
族社会相互之间的紧密联系为前提，并向作为贵族的－军事的
精英集团成员的年轻男性传授一种受用终生的团体精神。《韦
尔夫家族史》（*Historia Welforum*）讲到，韦尔夫六世的宫廷管
理井井有条，堪称典范，以至最高等的贵族都把自己的儿子派
到他那里去接受教育；威廉·马歇尔（1144—1219）作为英
格兰国王亨利二世一个不那么重要的大臣的儿子，在12岁时
曾被送到担任诺曼公爵司库的唐卡维尔的威廉（Wilhelm von
Tancarville）的宫廷，后来升为彭布罗克伯爵，并在国王亨利
三世（Heinrich Ⅲ）未成年期间从1216年到1219年统治英格
兰。威廉·马歇尔在被唐卡维尔领主授予骑士身份之前，曾
为其做骑士侍从达八年之久。"骑士侍从"这个概念在当时的
拉丁文本中大多是*puer*（Knabe/Knappe，受训的男孩/骑士侍
童）、*scutarius*（Schidträger，法语*écuyer*，英语*squire*，持盾
者）或者*armiger*（Waffenträger，持武器者），它的广泛传播
表明，这样的骑士侍从受训时间是国际标准；不过另一方面，
持盾者和持武器者也是骑士侍从中一种完全不同的种类的名
称，即骑士在战斗中的助手。这些侍从必须帮助骑士穿上甲
胄，运送武器和照料马匹。在有重甲骑兵的时候就已经有了这
种助手，他们组成了一个混杂的团体，其中有为骑士身份做准

备的贵族子弟和从未超越这种辅助者地位的底层成员。原始材料中的语言无法将两个群体清楚地区分开来，但是，鉴于骑士侍从在战争中的高死亡率，人们出于王朝延续的谨慎考虑大概已经不愿让更高等级家族的子弟遭受这种风险。

贵族特征和骑士特征之间的紧张和对立关系当然不仅仅存在于骑士侍从的日常生活中。当高等贵族接受了骑士的价值观和外形举止时，其出身预先给定的排他性，便面临着在那时已牢固确立的一个开放的功绩社会的体系。意大利的城邦需要军队进行家族私战和城市战争，所以它们将"骑士腰带授予低等级的年轻人，以及从事任何一种受鄙视的机械方面职业的手工业者"。德国主教弗赖辛的奥托不赞成这样，虽然在军队（*militia*）中的服役在阿尔卑斯山以北很久以来就已经是社会上升的一条可靠的通路。如果普通人能骑马参与领主的战争，他就通过军事能力获得了社会声誉。聪明地利用这种才智的不仅有德国的家臣——为帝国、王侯和主教服役为他们带来了很高的声誉，而且还有很多在国际上没有土地和采邑的人，他们作为雇佣骑士（Soldritter）为金钱而战，并将骑士服役当作职业。施陶芬王朝的家臣达到了与贵族相同的地位，如明岑贝格的库诺一世（Cuno I von Münzenberg，逝世于1207年或1210年），埃诺（Hennegau）的编年史作者蒙斯的吉斯勒贝尔（Gislebert von Mons）称他是一个富有和智慧的人，拥有自己的城堡、地产和一支庞大的骑士随从队伍。在为亨利六世服役时，安韦勒的马克沃德1195年甚至获得了自由，那时皇帝将他指定为拉文纳（Ravenna）和罗马涅（Romagna）公国、安科纳（Ancona）边区、阿布鲁佐（Abruzzo）和莫利塞（Molise）伯爵领地的统治者。尤其是在中世纪晚期，高水平的雇佣骑士如约翰·霍克伍德（John Hawkwood）飞黄腾达，他1320年前后出生在埃塞克斯，是一个制革工人的儿子，在英法百年战争（Hundertjähriger Krieg）的开始阶段获得了最初的军功，并于1360年带领一支小部队开赴意大利，在那里他作为军队首领为米兰的维斯康蒂家族和教皇服务，不过1377年起服务于佛罗伦萨城，1391年成为那里的荣誉市民。1394年约翰·霍克伍德死后，佛罗伦萨在大教堂里以一幅墓碑湿壁画向他表示敬意，这幅画1436年被保存至今的由保罗·乌希洛（Paolo Uccello）绘制的壁画所替代。

从无人身自由者阶层或者手工业者阶层上升到骑士阶层，再到帝国行政管理层和军队领导层中的高级职位，这表明社会流动的潜能在这里起作用。人们早就认识到，骑士阶层必须被理解为一方面是原则上开放的社会形态，另一方面是贵族决定的、高等贵族的成员也可能属于其中的等级（ordo），从中必定会产生紧张关系。如果伯爵、侯爵和国王想要是并且一直是骑士，他们必须阻止一种最后不再能被控制的推动社会流动的力量，并将出身等级的标准运用到骑士上面。1140年西西里的诺曼人国王罗杰二世的法律第一次提到了通过出身成为骑士（*a militari genere*），腓特烈巴巴罗萨1152年的《帝国领地和平法令》只准许世袭骑士（*natione legitimus miles*）进行司法决斗（Zweikampf）。当然这并不意味着，从此以后就不会再有骑士腰带的其他持有者，因为事实上它只是将不是骑士出身的人排除在司法决斗之外。非骑士出身者的后代还能够进入这些被《帝国领地和平法令》所定义的"真正的骑士"的这个等级。无论如何这个规定都表明遵循出身等级标准的贵族思想开始蔓延到骑士阶层，在骑士阶层内部，现在骑士出身者（Ritterbürtige）这一特殊群体开始突出于所有别的群体。不过这样的话，迄今为止统一的战士阶层（*ordo militaris*）却分裂了，因为按照前提条件，总是只有家臣、自由人和低等贵族的成员能够是骑士出身，因为更高等的贵族本来就有一种更高贵的出身。新的骑士等级将会是并一直是低等贵族。腓特烈1186年或1188年的《帝国领地和平法令》带来了进一步的限制，它规定，神父、执事或农民的儿子不可以再获得骑士腰带，因为农民被认为是奴仆（*servi*），神父的儿子按照教会法规被认为是淫乱的玷辱名声的产物。在这里，教会法规的原则被运用到骑士等级上，不过家臣和非贵族的自由人总还是可以由于他们的骑士品质被准许获得骑士身份，并通过这一身份再达到最低的贵族等级。这最终从腓特烈二世1231年为他的西西里王国制定的《梅尔菲宪法》开始改变，因为在那里规定，任何不能证明自己是骑士出身（*de genere militum*）的人都不再可以成为骑士，除非皇帝特许。不过，如果由皇帝决定谁属于骑士，那皇帝就使骑士阶层听命于自己了，这种趋势在许多欧洲王国产生影响：从1235年起在加泰罗尼亚和阿拉贡，不久以后在德意志和法兰西。以前的战士阶层是一个援引骑士伦理并受其约束的跨阶层的等级，此时在它的内部开始形成一种服役出身（genus militare），一个低等贵族的出身等级，而世袭贵族的领主，那些伯爵和侯爵想要清楚地将自己区别于它。

由此骑士身份失去了它在高等贵族和低等贵族之间的桥梁作用。这适用于整个西欧，因为中世纪晚期的术语在德国跟在法国、尼德兰和英国一样将大领主（grant seigneur, grote heere, great lord）和公爵（duc, hertoghe, duke）的最高级别与伯爵（comte, grave, earl）、骑士（chevalier, ridder, knyghte）和骑士扈从（écuyer, sciltknecht, squyer）区别开来。从13世纪起，许多骑士出身者处在这种新创造的骑士扈从的地位，因为自从他们的等级变成可继承的，骑士祝圣仪式和骑士击礼对于社会地位几乎不再有意义，而成为一种带有仪式性、展示性的综合体的一部分，骑士阶层逐渐开始将对于这个综合体的努力维护提升到超越生活现实之外。

对骑士阶层在等级上的限制、战士阶层（ordo militaris）内部的等级化以及战士阶层的贵族顶层与邦君的联系，作为所有这些发展状况的进一步的后果，从14世纪中期开始产生了国王或者王侯创办的世俗骑士团，其成员资格被认为是获得君主承认的最高形式。这些骑士团中最早的是由英格兰国王爱德华三世在1347—1349年之间建立的嘉德骑士团（*Order of the Garter*），国王任命在1346—1347年法国远征中的24名参与者进入骑士团，这些人在克雷西（Crécy）战役中表现特别出色。1352年，法兰西国王约翰建立了星骑士团（Sternenorden），后在匈牙利、莱昂-卡斯蒂利亚、阿拉贡和西西里岛也建立了这样的骑士团，不过它们的重要性都不及今天还存在的嘉德骑士团和金羊毛骑士团（*Ordre de la Toison d'Or*）。金羊毛骑士团是勃艮第公爵好人菲利普1430年在圣安德烈亚斯（Andreas）的庇护下建立的，以便使他的通过遗产继承和联姻策略积聚起来的领地上的贵族们有一个共同的忠诚参照点。谁违背了骑士生活的准则，谁就可能会像约翰·福斯塔夫（John Falstaff）爵士一样被驱逐；这位爵士不得不离开嘉德骑士团，因为人们指责他在帕泰（Patay）战役（1429）中胆怯。自从奥兰治（Orange）公爵路易·德·沙隆（Louis de Chalon）和蒙泰居（Montaigu）领主让·德·纳沙泰勒（Jean de Neufchâtel）在安东（Anthon，1430）附近避开了法国人，他们不可以再佩戴刚被授予的金羊毛骑士团的勋章。

在德国没有君主制的中央权力，却可能有邦国的王朝。王朝的统治者想要将骑士低等贵族纳入他们的臣仆群体中去。所以这一骑士阶层的成员联合起来，以协作的方式在战争与和平中代表自己，行使自己的仲裁权，维护与身份相当的生活方式和对死者的纪念，偶尔也为了筹集赎金，保护领地的和平。这一类的第一个著名团体是1331年前在下莱茵河流域出现的"红袖子"，最后一个是1492年前在韦特劳的弗里德贝格（Friedberg）出现的圣乔治协会。他们作为自由联盟组织起来，按照圣徒（圣乔治）或者纹章的图像（熊、袖子、轮子、月亮、独角兽）为自己命名，首先出现在莱茵兰、巴伐利亚、弗兰肯和施瓦本，也就是说那些骑士低等贵族特别强大而且还能有效地保持它的等级品质的地方。从长远来看，家庭出身、财富、生活方式和在邻近区域中的声誉决定了这种品质；谁如果直到13世纪中叶还没有成功地挺进到这里，谁就不再属于骑士阶层。

第七章 ——————— 物质文化

即便物质的遗存直观得多而且在有些方面也更有说服力，但我们关于骑士生活的概念大多依据文章和图像形成。不过只有当人们对这些遗存的周围环境有一些了解时，这些见证才提供可用的信息，而这种了解没有书面流传下来的东西是不可能的；人们也不可以只就"日常文化"考察这些遗存，因为其意义远远超出它们单纯的使用价值。一副甲胄或一匹马虽然是常备物品，可是它们质量的不同向每个内行展示了主人的个人等级和社会地位。所以，城堡、武器、马、服装和纹章，以及它们在战斗和战争中，在马上比武、庆典和狩猎时的使用，都是骑士制度的历史和它的经济基础不可缺少的见证。它们透露了很多东西：关于思维和情感方式、技能和文明水平，关于自我表达的乐趣和与此相关的社会拘束，关于获取时的艰辛和消费时的慷慨，关于庆典和生活、战争和死亡的美学。骑士的生存花费很大，但是人们并不节省；慷慨（largesse）是针对财产分配而非财产投资的不言而喻的美德。谁财产少，谁就必须通过联姻获得财富或者通过苦战夺得战利品，因为单单服役不会使人富有。法国编年史作者让·弗鲁瓦萨尔（Jean Froissart，逝世于1404年前后）回忆了许多男性，这些人是通过在战争中的勇敢表现而不是通过他们的出身成功的。

统治和等级的标志首先是城堡。从9世纪后期起就有可以住人的防御性建筑，欧洲城堡建造的高潮出现在12世纪和13世纪，在那时逐渐形成了两种基本类型：高堡在山峰或者山脊上，在马刺状的支脉或者在山坡上；低堡在平原上，是带护城河的城堡或者位于人工山丘［城堡丘陵（Motte）］上。两种类型都因地制宜，并从12世纪起在意大利和近东影响下使用几何形式的平面图。起初，国王声称建造城堡是他们的专利，不过这只能在1066年诺曼征服之后的英格兰长期贯彻，而在其他地方，因为城堡的建造伴随着贵族家庭结构的深刻改变，故而从10世纪起就已经几乎不能阻止贵族的独立建筑物出现。作为父子相传的固定生活中心，城堡成为以家族名字命名的祖宅，并以这种方式令家族意识到他们的谱系，那是关于贵族地位和等级知识的基础。有了这个背景就可以估量出城堡对一个家臣意味着什么，因为它被托付给他作为驻守之地。不断增长的自我意识令人印象深刻的见证是内卡河左岸的位于皇帝行宫温普芬（Wimpfen）附属区的几座城堡，它们自从1200年前后建成就被分配给帝国家臣，并被命名为荣誉堡（Ehrenberg）、善良堡（Guttenberg）、骑士之爱堡（Minneberg）、骄傲角（Stolzeneck）和帝国石（Reichenstein），因为这些名字是按照宫廷文学的美德概念构成的 [ête（荣誉），güete（善良），minne（骑士之爱），stolz（骄傲），rîch（帝国）]，跟美因河畔的和善堡 [Miltenberg（milte）] 和欢乐堡 [Freudenberg（vröude）] 一样。

城堡作为住处仍然不受欢迎。那里不仅狭窄、肮脏、寒冷，还有从高堡坠落的危险，这些与火灾、雷击一同折磨着居住者，就是无穷无尽的无聊也使人恼火。贵族的生活方式在城堡里是不可能的，所以人们喜欢逃离束缚，在宫廷，在马上比武、十字军运动、朝圣和旅行中或者在战争中寻求自由。

　　大部分的城堡从中世纪盛期起就为骑士或者骑士出身者所拥有，或者作为财产或者作为服役驻地。城堡与一个社会群体这样保持几百年之久的联系具有现实的原因：作为一种以少量人员就能够守卫的小型防御设施，城堡是不可替代的，因为在贵族私战作为军事纷争最经常的形式的背景下，由于过高的花费，围攻（Belagerung）几乎不会出现。人们不是想要最终战胜对手，而是想要通过从自己城堡发起的突然袭击在经济上损害他，以便满足各种要求。因为从中世纪后期起对许多低等贵族家族来说来自这种袭击的战利品构成了生存的基础，拥有城堡渐渐地变得越来越重要，以至于富有的骑士出身的家族从14世纪起转而以抵押的方式从不太富裕的领主那里获得城堡。作为"有害的房子"，城堡可能因此而成为施行《帝国领地和平法令》的目标，却在15世纪末随着攻城火器（Feuerwaffen）的引进失去了它们的意义，结果从城堡的防御功能中发展出了近代的要塞，从它的居住功能发展出了宫殿（Schloß）。骑士与城堡一起消亡。

　　正如在城堡建造方面发生变化一样，从12世纪起在武器装备上也有了显著变化。之前人们穿着一件小铁环编织物制成的锁子铠甲（Panzerhemd），它在西罗马帝国的传统中是短袖的，通过十字军东征，东罗马帝国的东方样式流行起来了，也就是长袖的锁子铠甲，带连指手套和一个人们可以揭开的盔甲护帽，从13世纪初起又加了一个在侧面高高绑住的下巴围兜。这种形式的盔甲，法语叫作 *haubert*，中古高地德语叫作 *halsberc*；在里面人们穿一件用棉絮衬填的或者由厚实的牛皮革制作的内袍以减轻对身体的打击，在外面从12世纪中期起人们穿一件短袖的、通常是有颜色的并以主人的纹章装饰的铠甲罩衣。从13世纪末起，带高立领和没有连指手套的锁子铠甲只用作钢铁板、护甲和护背的内里，人们用这些东西增强了防护效果。板甲由此而来，干精致细巧活的五金工（板甲铁匠）从14世纪中期起将板甲制作成一套技术复杂的可活动装置来保护全身。1200年前后就已经在德国流行的"铠甲"（Harnisch，来自法语 *harnois/harnais*），起初只是用来称呼马的装备，后来用来称呼人和马的全部甲胄。这种武器技术的进步在军事上毋宁说是产生了相反的效果，因为防护越有效，重量就越大，战士活动性就越差。然而甲胄采取了越来越复杂的形式，因为它成为了地位的象征，那是用来保障社会秩序和社会地位的排他性手段。

头盔和盾牌补充了身体的装甲设施。贝叶挂毯上描绘的带有护鼻的圆锥形头盔源出于一种可能由瓦拉格人（Waräger）

带到哥特兰岛、很快在整个北方流传的东部游牧骑兵的式样；在12世纪，这种带护鼻的头盔在整个欧洲传播开来。当12世纪快要结束的时候出现了一个顶部呈圆形的钟形罩和一块更宽的护鼻，这就是向罐形头盔的过渡，罐形头盔有固定的、通过狭长的视线缝隙和气孔来将就着透光的护面甲和加长到耳朵上面的头盔壁。罐形头盔被戴在盔甲护帽上面，从13世纪初起以纹章和头盔罩装饰。虽然视野、听觉和呼吸在罐形头盔下几乎令人无法忍受地受限，但它直到中世纪晚期都在全欧洲普遍流行，只是略有改动。从14世纪末起出现了尖刺形头盔，带有蛙嘴状前拉的护面甲。1300年前后又出现了盆形罩帽，一种没有护鼻的圆形头盔，它的头盔壁很快就向下加长直到脖子，并通过一个活动的圆形面甲连接起来；根据从1360/1370年起引进的、前端逐渐变尖的上翻式面甲，这种盆形罩帽在德国也叫作狗帽兜。

在可能的盾牌形状中，圆形盾牌最初在北欧流行。在贝叶挂毯上还有几个盎格鲁－撒克逊的防御者在使用圆形盾牌，而他们的诺曼对手已经全部持11世纪早期在拜占庭发展出来的几乎与人等高的、向下逐渐变尖的杏仁形盾牌，它从第一次十字军东征以来在欧洲推广开来。1200年左右人们将杏仁形盾牌减缩一半成为三角形盾，而这种"小盾"（*petit écu*）一直用到15世纪。盾牌用木材制作，其表面或者用皮革罩上或者用金属包上。在古希腊罗马时期，盾牌就被饰以宝石或被绘上彩绘；从12世纪中期起，盾牌上出现了纹章图形，这也与盾牌是骑士保护职责的最主要象征并以此既在道德上也在法律上被提高了价值有关。相应地，沃尔夫拉姆·封·埃申巴赫称骑士服役为盾牌服役（schildes ambet）；从12世纪起，一个领主对附庸的征召和他拥有附庸的权利都叫作"军盾"(Heerschild, clipeus militaris)，以至于在德国整个封建社会的等级制度最终都可以被称为"军盾制度"(Heerschildordnung)。

在进攻性武器中，长矛排在第一位。在凯尔特人和日耳曼人那里它是用来投掷的，贝叶挂毯所描绘的也是这样，不过从12世纪起人们使用木制的带菱形或尖椭圆形铁尖的刺矛。为了骑马战斗，长矛被端在臂下，为了保护手，从14世纪初起人们在其上安装了一个漏斗形的薄片。如果长矛折断或者骑士的马不再能够投入战斗，那便徒步用剑近身肉搏，剑身两面磨光的宽刃常饰以图形或字母形式的镶嵌物。因为剑不仅被用作武器，而且在加冕仪式中，在授予采邑时或在骑士晋升时，也被用作统治标志和判决标志，所以在等级和声誉方面它显然位列长矛和盾牌之上。

马也是地位的象征，毕竟武士（miles）要成为骑兵武士就取决于是否拥有这些牲畜。骑士总是需要几匹马，即行军和旅行中的骑行马（palefridus，中古高地德语为pfert），在战斗中有专门为战斗训练的、披甲的并且也只在这种场合骑的战马（dextrarius，中古高地德语为ros），价值没那么高的驮马（*runcinus*）作为运送甲胄、长矛和盾牌的驮畜。照管和养护战马以及在不得已时使用暴力置办饲料，都属于骑士侍从最重要的任务，他也负责使他的领主在紧急情况下能够尽可能快地做好战斗准备。如果骑士身边有四匹而不是三匹马，他就已经需要第二个骑士侍从，也就是说骑士从不会单独出现，而是至少有这些助手陪伴。假如他原本就富有或者在战争和马上比武中获得了财富，他就可以聚集一队雇佣骑士到自己麾下，在战斗中，他作为方旗骑士（*banneret*）出现在自己的骑士小联队（*gleve*，法语 *glaive*，来自拉丁语 *gladius*，相当于剑）的最前面。

战斗不仅是服役，也是骑士品质必要的证明。正如武器、马和随从是地位的一部分，骑士阶层在战争中也要求表现出某种超越敌我阵线的行为上的团结一致性，然而即使在较高的级别上他们也并不总能满足这种要求。中世纪出征的典型过程，缘于尽可能避免公开进行野战的努力。实际上，占据主导地位的是进攻者非常缓慢的向前推进、防御者顽强的抵抗、时间和空间有限的军事行动、消耗战、以小股部队谋求立竿见影的战果：首先是通过对领地的有计划的劫掠和纵火，以便在物质上对对手造成损害并表明对手无力保护自己的民众。

在战斗前，骑士必须在骑士侍从的帮助下准备好进入战斗状态，这是一个耗时的过程。先装上马刺，接着披上保护腿和下身的铠甲，再穿上锁子铠甲，它一直延伸到膝盖，须像甲胄的其他部分那样用带子仔细扎紧或用皮带环扣住，然后戴上头

盔，用皮带环扣住并将其跟锁子铠甲连在一起，最后佩带宝
剑，骑上战马，拿上盾牌和长矛。这种马、骑兵、盾牌和长矛
的固定组合是自11世纪下半叶起最重要的战争技术革新；早
在6世纪或7世纪，阿瓦尔人（Avaren）就从东部草原向欧洲
引进了马镫，这成为那一技术革新的前提。骑兵凭借马镫的撑
托，稳稳地坐在马鞍里，右腋窝下夹着沉重的长矛，用手抓住
矛杆的重心后部，同时左手持盾牌或握着缰绳。来自冲击速度
和战马、骑兵、装备的重量组的全部能量集中在长矛尖上并赋
予巨大的冲击力，它将对手从马鞍上掀翻下来或者立即杀死。
不过如果这种统一体被拆散，它的军事效果就没了。伊斯兰人
在第一次十字军东征的战斗中很快认识到了这一点，并因此首
先想要使西方骑士的马失去战斗力。哈丁之战（1187）的一名
阿拉伯目击者将这一经验总结得像一个定理："跟马一起，法
兰克人是一个铁块，所有对他的打击都是无效的。如果他的马
死了，他就很容易被俘获。"

这种骑兵战斗的技术前提之一是全面的个人训练，这样，
在战场上就没有军队统帅通过命令调动的密集的军事编队作后
盾，而是一大群单个的战斗者在敌人中寻找一个同等级的对手
或者个人的战利品。所以，骑士战役除少数基本模式之外是不
可计划的，毋宁说在大多数情况下它由两列相互对峙的长长的
战线发展而来，它们按照家族联盟或采邑集团粗略划分。这些
联盟各自围绕一面旗帜或者一位领主紧密地并排站立，"以至

于风都不能在他们的长矛中间吹过去"（*entre lor lances ne puet corre le vent*）——在非常多的战役记述中有这样或者类似的描写。战线很少整体骑马冲锋，而是经常从右面开始，一组一组地行动，因为队形紧密，起初会缓慢地行进，然后提高速度，以便在与对手相撞时达到速度顶点。骑士侍从在一定的距离内跟随着战斗者，如果他们的领主失去了他的马，他们必须把一匹新的马带到他的面前，或者在他摔倒的时候营救他。侍从们拿走阵亡敌人的甲胄，捉住他们价值不菲的战马，捆缚被掀翻下马的对手作为俘虏——鉴于甲胄和马的花费，赎金要比杀死对手更重要。经济上发横财的可能性推动了"骑士行为"，不过贫穷的骑士在被俘的对手身上看到的毋宁说是收入来源而不是不幸的同等级者。

　　21岁的威廉·马歇尔在他生命中的第二次战斗中被普瓦图骑士从背后刺倒，他成了用来索取赎金的战利品，其伤口无人照管，还被扔到一辆车上并一路随行，直到埃莉诺王后最后为他支付了赎金。一个家庭成员被俘很容易就意味着整个家族经济上的破产，因为赎金要求不是按照财产而是按照社会等级进行确定的。不过赎金体制是不可或缺的，因为包括马匹在内的骑士的全部装备、他的训练期和骑士侍从的生计都以私人投资为基础。晚生的儿子几乎没有财产，只能通过战斗经验来增加他们作为雇佣骑士的价值并依赖战利品，当人们能够占领并洗劫敌人营地的时候，战利品会大量出现。在这样的处境中，在自己的军队每次战败时，带有轻武器装备的骑士侍从尤其会受到危害并遭受最大的损失。

从12世纪起首先在法国和盎格鲁－诺曼领地，后来也在德国，在骑士之外有了轻骑兵（*sergents/sergeants/sarjanten*）作为后备部队，而如果形势需要，骑士也徒步作战，像盎格鲁－诺曼人在坦什布赖（Tinchebray，1106）和不久以后在布雷米勒（Brémule，1119）或者英国人1346年在克雷西一样；沉重的甲胄令他们行动不便，因而现在的优势在于战队的稳定性。对这种情况，让·德·比埃伊（Jean de Bueil）在他的出自15世纪60年代的战争论文中表述了一则经验定律："谁进攻，谁就会失败；谁站得稳，谁就会赢。"在大战役中还是会使用突击队和专业的单兵作战，他们为了相应的奖赏愿意向敌方军队的重要成员甚至向其首领逼进，以便使这些人失去战斗力；这类进攻的潜在受害者在收到相应的警告之后，作为防备措施，他们有时会摘下他们的纹章，或者像哈布斯堡的鲁道夫（Rudolf von Habsburg）国王1278年在迪恩克鲁特（Dürnkrut）战役中一样，穿上一副不显眼的甲胄。

非骑士的战斗人员会在危急情况下或者出于个人原因干脆利落地杀死对手。瑞士人通常不抓俘虏，佛兰德城市的步兵同样也很少这样做；英格兰国王亨利五世（Heinrich V）在阿金库尔（Azincourt）战役（1415）期间于危急情况下让长弓手射死法国俘虏；波希米亚国王奥托卡尔二世（Ottokar II）在迪恩克鲁特战役战败后于逃亡途中被奥地利骑士杀死；已经身负重伤的拿骚的阿道尔夫（Adolf von Nassau）国王1298年在格尔海姆（Göllheim）战役中被私敌打死。在此期间阿道尔夫的对手奥地利的阿尔布雷希特（Albrecht von Österreich）公爵，戴着别人的纹章战斗，并将自己的纹章给了随行的几个领主。

如果骑士军队碰上了人数较多的弓箭手（Bogenschützen）或者训练有素的步兵部队，损失就会很大：5000—6000名法国骑士阵亡在阿金库尔，这大约是法国从高等贵族骑士到侍从骑士总人数的40%；法国骑士1302年在科特赖克（Kortrijk）对阵佛兰德城市、1346年在克雷西和1356年在普瓦捷对阵英国人已经有类似的情况。此外还有严重的伤势，以当时的医疗手段几乎不可医治，即便在最好的情况下也会造成长久的残疾；在这个社会中，这是一种常常比死亡更糟糕的命运。

人们不只在战场上死于非命。马上比武这种使用锋利武器的贵族格斗比赛11世纪在法国北部兴起并很快广受欢迎；从12世纪起，它作为"法国式格斗"（*conflictus Gallicus*）出现在英国和德国，不久以后在整个拉丁欧洲成为了贵族的群众性体育运动。德国骑士把它带到了波希米亚，14世纪初安茹王朝的国王又把它带到了匈牙利，同时意大利在城市定居的贵族也接受了它。马上比武是被公开邀请参加的大型活动，不过人们很少专门举办这项活动，多数情况下是作为宫廷集会、王侯会面或者庆典的伴随节目来组织。对于出钱举办的领主来说，马上比武证明了他们经济、社会和政治上的重要性和他们在同等级阶层中的声誉。从12世纪中期起，女性作为该活动的观众出现在法国文学当中，到中世纪晚期，贵妇们通过向被选出的骑士交付抵押品积极参与这项活动。城市贵族协会（Patriziergesellschaften）也举办马上比武；在德国，据我们所知，第一次这种市民的马上比武1280年在马格德堡（Magdeburg）举行。

在这种格斗比赛开始之前，人们从参与者中按照采邑集团或者来源地域组成实力相当的队伍，规定马上比武场地（它可以延伸到一片宽阔的地区）、格斗次数和获胜者的奖品，也确定失败者是否应该交出马和武器或者最好是支付一笔赎金。先发出一个信号，然后每两队以密集编队相向而驰，以便以这种队形冲破对手的行列，接着立即折回［“马上比武”一词可能来自古法语“撕裂”（tornoi/tornoiement）］并再次进攻。当两组人紧紧相互揳入使得任何活动都不再可能时，才开始徒步的单独格斗。就这点而言，马上比武是战争的现实写照，并相应地充满危险，格斗中有很多人死伤，因为直到13世纪长矛尖端才以“小顶冠”代替，不再锋利，宝剑也变钝了，而到中世纪晚期，人们又回到了“使用锋利武器的比赛”。

因此，批评在所难免。英国学者拉杜夫·尼格（Radulfus Niger，逝世于1200年前后）认为，当骑士在马上比武中出于无聊和对名望的渴望而相互残杀，他们同时也将生命和救赎置于危险之中。1130年教皇英诺森二世（Innozenz Ⅱ）就已经禁止了所有的马上比武，但是禁令颁布后只有法兰西国王认为这种格斗与他们的尊严不符。在英格兰，国王亨利二世的一项禁令只是导致了骑士们去参加欧洲大陆上的马上比武，结果亨利的继承人"狮心王"理查一世在某些条件下又准许了这种活动。爱德华一世（Eduard Ⅰ，1272—1307）提及自己在血腥混乱的比赛中的经历并下令，任何一个参加者以后都不可以携带三名以上的骑士，此外这些骑士必须随时能够通过他们领主的纹章被清楚地识别出来；助手们被禁止使用锋利的武器，除了他们之外任何人都不应该将对方的骑士从马上拉下来；观众必须不带武器不穿甲胄，马厩仆役既不能有宝剑、匕首，也不能持木棒或者扔石头，传令官不可以将任何武器藏在他们的罩衫（tabards）下面。这种与理想化的观念不一致的行为，具有超地区的典型性；在德国的马上比武场地上，也有骑士侍从（knapper）帮忙收集无主的马作为战利品，或者暴打想要俘获他们领主的骑士。虽然人们在临近13世纪末的时候更明确地强调格斗比赛和战争的区别，但马上比武始终是极度危险的。这不仅因为武器的作用和落马的人被马踩踏并被踩死发生事故，而且也因为穿着沉重的甲胄、呼吸极大受阻的战斗者会中暑。

　　文学和编年史中很多关于马上比武的记述使人认识到，在这个领域能够开启锦绣前程。参与本身就已经证明了参与者属于军事的和社会的精英之列。随着等级的封闭，所有非骑士出身的人被从贵族的马上比武中排除出去，从14世纪起传令官们就列出了能够参加马上比武的人的纹章清单。不过马上比武首先带来收益，因此财产较少的流浪骑士［漫游骑士（*chevaliers errans*）］乐于参加，犹如职业般地把它作为收入来源，因为它预示着赎金或者战败对手的马和武器这些被渴望获得的战利品。在深秋的旺季期间，这样一个战士每14天就能轻易找到马上比武的机会，然后他就格斗，有时也加入一个团队，不是为了团队的成功而是为了他个人的收益而战。威廉·马歇尔在1177年春天与一个佛兰德骑士结成一个互惠团体，以便参加所有可以参加的马上比武并分享收益；十个月之后这两名显然是高水平的战士就已经从103名骑士那里获得了战利品。威廉临终时回忆说，他在一生中俘虏了500名骑士。与这样的收益相对应的是被马上比武毁掉的整个家族的生存。

个人战绩在骑士格斗（法语*jouste*）中比在团体赛［混战（*mêlée*）］的混乱中更能清楚地被评判，骑士格斗作为一对一的比赛在12世纪末兴起并逐渐有了越来越多的追随者，以至于它在14世纪几乎代替了马上比武。在中世纪晚期，骑士比赛的规则更加严格，并引入了栅栏以避免马相互碰撞，研制了专门的甲胄，并越来越经常地规定使用钝武器［娱乐性武器（*armes à plaisance*）］，虽然使用战争武器［进攻性武器（*armes à oultrance*）］的战斗始终是更光荣的。然而骑士格斗和马上比武越来越远离军事紧急状况，因为在格斗比赛中使用的武器不适合战争和私战，此外它们开销庞大，以至于低等贵族不再能够支付得起。

可能从一开始马上比武就不仅仅是格斗比赛，也不仅仅是战争与私战的练习。当大领主们为他们的家族骑士卫队（Hausritterschaft）寻找新生力量时，马上比武成为他们的人才交易所，而且它对年轻人进行符合等级意识（Standesbewußtsein）的教育。勃艮第公爵利用这种群体动力学的效应，使不同领地上的贵族通过马上比武相聚在一起，新的王朝也寄希望于此，以便为自己赢得老的精英。所以，卡尔一世（Karl Ⅰ）作为来自安茹家族那不勒斯支系的新的并且是异邦的匈牙利国王从1310年起主办了耗资巨大的马上比武；而在英格兰，金雀花王朝的国王特别鼓励推广一种从13世纪早期开始兴起的马上比武的变体，人们把它叫作 *table ronde*（圆桌），他们通过这种方式将自己置入不列颠亚瑟王的传统。比武时参加者使用亚瑟王骑士的名字，做相应的穿着打扮并按顺序相互挑战。不过，因为马上比武具有整合效应，如果比武由反对派的群体组织的话，可能对现存秩序构成威胁。例如：在英格兰国王亨利三世时代的布拉克利（Brackley, 1219）和切普斯托（Chepstow, 1228）举办的马上比武；1312年兰卡斯特（Lancaster）、彭布罗克、阿伦德尔（Arundel）、赫里福德和沃里克（Warwick）众伯爵把他们征召的人员聚集在一起进行一次马上比武，以便将国王爱德华二世（Eduard Ⅱ）的宠臣皮尔斯·加韦斯顿

(Piers Gavestone) 俘获并处死。

马上比武这种具有多种多样展出效果的大型活动为纹章的发展提供了一个良好的基础。1140—1160年之间，在法国的卢瓦尔河伯爵领地，以及尼德兰、莱茵兰和英国南部，几乎同时出现了一种装饰性的且有助于识别披甲骑士的标志体系，它们出现在盾牌和甲胄上、铠甲罩衣和头盔上、马衣和旗帜上。中古尼德兰语中的 wâpen 即 waffen（武器），这会使人考虑它的军事起源；从12世纪末起，由这个词产生了新的含义——wappen（法语 armoiries，英语 arms，均指纹章），作为甲胄和武器上的标志。起初，这看起来是战斗部队的身份证明，接下来从中发展出个人、家族或团体的颇具个性的、可世袭的并且经久不变的纹章，还有家族专用的印章图形以及将家族视为一种男性继承序列的新理解。也就是说，纹章在一个社会变革的时代产生，并在它的军事目的之外充当社会符码，它不仅给予关于个人信息的解答，而且说明了他在家族中的地位，说明了婚配关系和社会地位以及家族在亲缘关系等级中的地位。所以，纹章不仅出现在战争中以及马上比武时人和战马身上，而且不久也出现在墓碑和死者纪念牌上；人们用它们标示出财产、权力、统治区域或者团体。

纹章持有权的适用范围很广。在王侯和高等贵族开始持有纹章之后，这一惯制到13世纪初传播到了低等贵族中，并在中世纪晚期也传播到了商人和手工业者这些城市市民那里；最

晚从 12 世纪 80 年代起，贵族女性也持有纹章，教士是从大约
1200 年起，城市新贵从 13 世纪早期起。在中世纪晚期，擅自
采用纹章要在事后进行确认，国王和王侯也将纹章授予学者、
医生、艺术家、被册封为贵族的市民家族［如奥格斯堡的福格
尔（Fugger）或韦尔泽（Welser）家族］。这种丰富性使得纹
章随着时间的推移呈现出多彩、多义的样貌，其规则最后只有
专家还能完全掌握。这个角色在西方从 14 世纪 30 年代起由传
令官（Herold）来承担，他们在展示和掌握纹章及相关知识之
外，也从事文学活动并逐渐地简直是创造了骑士制度中的一门
科学。Herold 本来是古撒克逊语中的男性名字 *Heriold*，通过
古高地德语/法兰克语 *hariowalt*（一种不能被进一步确定的军
队中的领导职位）进入法语，在法语里第一次以 *heralt* 在特鲁
亚的克雷蒂安（逝世于 1190 年）那里出现，其意为"信使""宣
布人"。这个词以 *araldo* 的形式进入意大利语，以 *heraldo* 进入
西班牙语，从 14 世纪中期起作为借词 *heralt / herolt* 在德语中有
据可查，在这件事上不清楚的是，是否这个职位也是在这个时
候才在德国变得普遍。传令官是他的领主的使节和代言人，他
佩戴其纹章，所以有了独特的职务名称：神圣罗马帝国传令官
叫作 Romreich，法兰西国王的传令官叫作 Montjoie，英格兰国
王的叫作 Garter，苏格兰国王的叫作 Lyon（依据狮子纹章），
格尔德恩（Geldern）侯国的叫作 Gelre。

　　在战争中传令官享有豁免权；他查明马上比武参与者参与

格斗比赛的能力并叫出他们的名字，也就是说传令官必须要有广博的人员、纹章和语言方面的知识，以至于他也能够制作纹章名册。一个王国或者一个侯国的最高传令官［"首席纹章官"（Wappenkönig）］在有关家谱和纹章的所有问题上都是最受人尊敬的鉴定人；如果一个人或者家族的贵族归属和在等级体系中的地位引发疑义，传令官的表决具有决定作用。因此传令官也作为历史编纂学家工作，因为对于贵族家族中尊贵祖先的追忆需要世俗的博学，这种博学首先是按照固定的规则正确设计纹章的艺术，当然也包括将纹章作为象形图示进行准确解读的能力。为了这种可读性的缘故，标志的设计必须清晰明了，并符合各个地区都承认的原则，所以对于它们的"着色"（Tinktur）只有四种颜色是被允许的（蓝、红、绿、黑），而且制作材料只有两种金属（金和银，可通过黄和白替代）和两种毛皮（白鼬皮和松鼠皮/灰鼠皮）；绝不允许一种颜色放在另一种颜色上面或者一种金属放在另一种金属上面：如果将一只狮子绘在蓝色的背景上，那么它必须或者是银色或者是金色，相反若绘在一片银色或者金色的背景上，它或者是蓝、红、绿色，或者是黑色。偏离这些基本原则的少于1%。纹章基础图案（Heroldsbilder）（盾牌表面的划分）或者常见图形（Gemeine Figuren）（几何图案、条带、橡木形条带、鸟、鱼、哺乳动物等）的数量和种类也最晚从13世纪中期起就确定了，描绘［"描述（纹章）"（Blasonieren）］一个纹章时的程序也是这样：

首先说明颜色，然后说出中心图形的名称，接下来是其他图形和次要标志的名称。"在银色背景上是一个红色橡木形条带和三个红球，两个球在橡木形条带上面，一个在下面"，1394年一名传令官就一名贵族领主纹章的询问这样回答编年史作者弗鲁瓦萨尔。在这些知识的基础上，传令官把军队征召时的应召情况记录下来，如在1297年法国的佛兰德名册中，英格兰和法兰西的传令官识别在克雷西战场上和在无数其他这种场合阵亡的骑士。

总的来说，骑士文化通过纹章变得更具装饰性，更富象征性，更具仪式性了。个人的纹章使披盔戴甲到无法辨认的人恢复了他的个性，全副武装的骑士的总体形象——染成黄、绿、红或者蓝色的亚麻或者丝绸长袍，泛着金属光泽的头盔，镀金的带扣和护片，镶嵌宝石的盾牌，用三角旗装饰的长矛——给人留下强烈的印象，这种印象在骑士大量出现时还会显著增强：在军队中或者在常设骑士随从（*milites curiae*）陪同大领主参加的庆典中。法国诗人吉奥·德·普罗万（Guiot de Provins）将腓特烈巴巴罗萨1184年在美因茨宫廷举办的豪华庆典与亚历山大大帝和亚瑟王的庆典相比；当亨利希·封·费尔德克在其关于埃涅阿斯的长篇小说中赞赏埃涅阿斯与拉维尼亚（Lavinia）的婚礼时，他也提到："没有一个庆典 / 我曾听人讲过，/ 它会是同样盛大 / 如同这个，这个埃涅阿斯举办的—— / 除了那个，那个在美因茨举行的，/ 我们自己看到的那个。"

第八章 ———————— 骑士阶层的终结

1291 年春天，埃及的马穆鲁克苏丹阿什拉夫·哈里里（al-Aschraf Halil）开始围攻海法（Haifa）北部的设防城市阿卡，5 月中旬发起冲锋攻占了它。当圣殿骑士团的城堡在 5 月 28 日最后一批战斗着的骑士团骑士们的头顶上坍塌，巴勒斯坦对基督徒来说就沦陷了，十字军国家的历史结束了。基督教骑士在一项高要求前失利的经历以后持久地困扰着他们，正如十字军东征的思想从前曾持久地推动并长期影响了他们一样，因为在圣地的失败不仅仅使骑士团陷入于深深的合法性危机。条顿骑士团及时成功地在普鲁士找到了一项新任务，而圣殿骑士在 1307—1312 年之间却成为了君主暴力的牺牲品——国王腓力四世（Philipp Ⅳ）命人占据所有他们在法兰西的分支机构，关押住在其中的团员并以异端罪对他们判刑，紧接着还促使教皇解散骑士团并没收其财产。圣约翰骑士团骑士 1310 年在罗德岛、1530 年起在马耳他岛落脚，以便配合反对土耳其人的战斗。没有加入骑士团的骑士也对失去圣地做出反应，并通过普鲁士远征、西班牙十字军行动或者对突尼斯（Tunis）的出击来挽回声誉。大约一万名匈牙利、法兰西、勃艮第、德意志和意大利骑士在匈牙利国王西吉斯蒙德（Sigismund，后来的神圣罗马帝国皇帝）的领导下对土耳其人的最后一次十字军东征规模巨大，还被勃艮第公爵看作是voyage de hongrie，即前往匈牙利的骑士远征；这次远征以1396年9月28日在尼科波利斯（Nikopolis）的一场对苏丹巴耶塞特一世（Bayezid I）的军队的惨败告终。几乎同时，普鲁士远征的合法理由不存在了，因为立陶宛人在临近14世纪末时成为了基督徒；唯有西班牙的收复失地运动持续到了1492年，那时最后一位伊斯兰统治者将格拉纳达（Granada）城市和要塞移交卡斯蒂利亚王室。用不了多久，宗教改革也不再从神学上给予骑士阶层以基督教使命，而宗教战争使任何对于骑士荣誉感的诉求都变得毫无意义。

　　从14世纪下半叶起，在骑士阶层的内心状况及其精神取向方面，就已经几乎不再有新的理念或者推动力。模仿反而活跃了起来——仿效伟大榜样的生活，扮演伟大榜样的角色；不过在与流传下来的思想打交道的过程中也产生了一种新的实事求是的精神。许多作者的反思展现了这两方面，他们概括性和评判性地深入研究了他们时代的骑士阶层（chevalerie）。

　　《兵马总管布锡考特勇行录》（Le livre des faicts du maréchal Boucicaut）描绘了布锡考特（Boucicaut）直到1409年的生活，该书也许是由他的家庭神父奥诺拉·迪朗（Honorat Durand）撰写。在书中，一系列跌宕起伏的事件再次被风格化为了这个完美骑士的传记——他蔑视财富，崇尚苦行僧式的虔诚，更喜爱上帝、圣徒、美德、骑士精神这些谈话题目，并且在纯洁地为女性服务的精神鼓舞下，建立了绿盾白衣女士骑士团。在1391年成为法国兵马总管前，布锡考特于1382年在西佛兰德的罗斯贝克（Roosebeke）战场上被晋封为骑士，然后参加了一次普鲁士远征，到了西班牙、威尼斯、君士坦丁堡、圣地巴勒斯坦，并又一次在普鲁士抗击异教徒。1396年，他在尼科波利斯被土耳其人俘获，一年之后获释。1399年，他为东罗马帝国皇帝曼努埃尔二世（Manuel Ⅱ）到爱琴海作战。1401年他成为法兰西国王在热那亚（Genua）的地方长官，并指挥一支舰队开赴东部地中海。1409年他回到法国，1415年在阿金库尔被英格兰人俘获，并一直待在英格兰直到1421年去世。

同样去过很多地方并被大力提携的编年史家让·弗鲁瓦萨尔，更加实际地将贵族骑士的美德描述为个人飞黄腾达、在英法百年战争的分裂世界中赢得名望和荣誉的必要前提。这位在文学上很有天分并且极具创造性的作者因亲身经历对此非常了解。弗鲁瓦萨尔发现，勇敢是他经历的一个结构性原则，这是他在追随英格兰王储"黑太子"爱德华（Eduard，逝世于1376年）时获得的，在与战争参与者的无数谈话中，他一再遇到勇敢这个主题词。勇敢（proece）通过英雄如忒修斯（Theseus）、赫克托耳、恺撒、卡尔大帝体现出来，按照他的观点，从古老东方的王国起直到当时，它都作为促成意义和进行推动的原则来统治着历史。对于骑士这种犹如普遍历史的范畴和价值本身的勇敢品质，人们不再需要其他的伦理理由或者进一步的目标了。

　　法兰西国王查理七世的前海军将军让·德·比埃伊在1462/1465年他的教导性长篇小说《年轻人》（*Jouvencel*）的第一部分描绘了战争的现实，对其自身的经历进行了加工。他详细记录了战斗方式通过新技术——尤其是通过炮兵（Artillerie）——发生的改变，在围攻时他推荐炮兵从设防阵地进行连续射击，而且他要求对军队统帅进行理论教育。他认为，战争是一种艰辛的苦行训练，以荣誉和物质收益为目标，如果个体勇敢并乐于冒险，是社会地位上升的一种绝佳的手段。在这里，说话的已经是从骑士向士兵（Soldat）过渡中的武士，其中不可忽略的是一种从基督教的战士阶层（*ordo militaris*）中解放出来的民族基调。

　　面对这些变化和革新，骑士阶层在巨大军事屈辱中坚挺下来的顽强精神就更令人惊异了：法国骑士军队惨败于城市武装（1302年在科特赖克）或者英国弓箭手［1346年在克雷西，1356年在莫佩尔蒂伊（Maupertuis）/普瓦捷，1415年在阿金库尔］，瑞士步兵对哈布斯堡和勃艮第骑士［1315年在莫尔加滕（Morgarten），1386年在森帕赫（Sempach）；1476/1477年在格朗松（Grandson）、穆尔滕（Murten）和南锡（Nancy）］的胜利。看起来，在将近两个世纪的战争史中，负面的经验似乎在一个伟大的传统上一再不留痕迹地被弹了回去，这个传统通过教育和持续的练习被压缩成一种生活方式，深深地在社

会中扎下根来，以至于在危机中还能保持某种延续性。只有
一种在这期间发展成为了卓越文明典范的骑士－宫廷文化的生
命力也才能够解释，皇帝马克西米利安一世（Maximilian Ⅰ，
1459—1519）这样的统帅何以再一次热衷于骑士文化，以至
于从19世纪起"最后的骑士"的称号就牢牢地附着在他身上。
马克西米利安被认为是近代作战方式的开拓者和现代军事体制
最早的代表之一，他推动并亲自参加马上比武；他进行危险的
狩猎，坚信有必要发动一场新的十字军运动，还支持自由的帝
国骑士等级的发展，以便利用它来对付更高等级的领主。他命
人汇编年代久远的宫廷文学和英雄史诗，在同时代人和后世人
面前，在自传著作如《白色的国王》（Weißkunig）、《弗赖达尔》
（Freydal）或《托伊尔丹克》（Theuerdank）中将自己风格化为唯
一真正的王侯骑士。

　　所有这些看起来都在熟悉的轨道上运行，却从王侯的角
度以独裁统治的形式重新定义了骑士制度，以便使它为领地
主权统治服务，该统治装备了最现代的武器，征募了雇佣兵
（Landsknechte），并发展了早期形式的常备军。马克西米利安
是一位"年轻人"（Jouvencel）意义上的"博学的统帅"，并
且很可能研究过恺撒的高卢远征。大胆查理（Karl der Kühne，
逝世于1477年）的军队给年轻的马克西米利安留下了深刻
的印象，他的骑兵（Kavallerie）大部分由雇佣的战术联队
（Ordonnanzkompanien）组成，并由一支灵活的野战炮兵支援。

马克西米利安也将步兵、骑兵与炮兵组合起来，他让炮兵从轮式活动炮架上按照勃艮第军队的样子（不过通过技术改良命中率提高很多）向对手射击，这样他不仅打破了步兵的瑞士方阵（Gevierthaufen），而且削弱了盔甲骑兵队伍。马克西米利安让人制造攻城的火炮（Kanonen），他偶尔亲自开炮，还操心炮筒的铸造和火炮（Geschütz）炮筒上精心设计的纹章装饰；在《白色的国王》中他让人用图片说明使用炮兵的可能性。不同于从前时代的骑士统帅，他在大的战役中力求速战速决，尽可能避免消耗战。

　　"最后的骑士"同时也被认为是"雇佣兵之父"。雇佣兵曾于1479年8月7日在阿图瓦（Artois）的吉内加特（Guinegate）为他挽救了勃艮第的遗产；当时，路易十一世（Ludwig XI）的法国重骑兵攻破了马克西米利安的弓箭手和炮兵，但马克西米利安的瑞士方阵中有纪律严明的佛兰德民兵，他还有瑞士、英国以及德国雇佣兵（Söldner），这些民兵和雇佣兵的长矛使法国骑兵遭受败绩。面对骑士贵族，马克西米利安极大提高了德国雇佣步兵（Landsknecht）的价值，其名称大概源于他们在皇帝的德国领地[1]上被征募的事实。在奥德纳尔德（Oudenaarde，1485），他命贵族骑兵下马并与雇佣步兵共同攻城，这样一来，骑士作为步兵首领必须分担其投入战斗的

1　德语中Landsknechte这个词，由Land（领地）和Knecht（雇工）两部分组成。

风险。马克西米利安经常穿着雇佣步兵的服装、肩荷长矛走在行进纵队的最前面，进入被占领的城市，通过这种方式来突出雇佣兵的地位：1485 年是根特（Gent），1504 年是雷根斯堡（Regensburg），1505 年是科隆。他在 1504 年波希米亚文岑贝格（Wenzenberg）战役中亲自授予雇佣兵首领如格奥尔格·冯·弗伦茨贝格（Georg von Frundsberg）和马克斯·西提赫·冯·埃姆斯（Marx Sittich von Ems）骑士头衔，他维持着一支由骑士和雇佣兵混合而成的精锐部队，这支部队受到严苛训练。

雇佣兵根据自由议定的军饷协议战斗，并以其特别残酷的作战方式，以及兵变和叛逃出名，以至于法国的骑士贵族在对抗威尼斯的康布雷（Cambrai）同盟战争中拒绝与德国雇佣兵这种大众中的渣滓并肩战斗，以此来掩盖他们犹豫不决的态度。不过，他们的坏名声更多地同"骑士战争"的理想情景而不是同熟悉的现实相矛盾，因为对于牺牲品来说，作案人属于马克西米利安的雇佣兵支队还是属于科隆大主教的亡命之徒（Rotten）——他们作为主教的骑士后备部队 1179 年蹂躏了萨克森，是一样的。虽然私战和远征带来的道德沦丧在所有国家和任何时候都或多或少是同样的，并且人们在全欧洲早就见识了英法百年战争的恐怖，但典范性的骑士思想仍然具有生命力：如果马克西米利安是"最后的骑士"，法兰西人就称赞他们的军队首领巴亚尔骑士 [Seigneur de Bayard，逝世于 1524

年，原名皮埃尔·泰拉伊（Pierre du Terrail）]是"无懈可击的无畏骑士"。

今天看来，有了进一步的战争史和社会史方面发展状况的知识，这种新旧结合似乎很奇怪，并很容易遭受意识形态的怀疑。不过对当时的人来说，骑士和战争在几世纪的过程中已经融合成为思想的和精神的统一体，以至于这种联系不能被轻易解除。巴亚尔获得了"骑士"的称号，因为他首先被视为军事统帅，而在一个没有重大转折的、不分阶段的变化过程中，军事技术的改变总体上是缓慢出现的。一步步地适应新的东西使旧的东西保持了生命力。尽管有了步兵和炮兵，重骑兵仍然不可缺少并且也还在战役中取胜。这种骑兵服役被认为适合贵族，然而农民和市民也越来越多地被召来，因为有巨大的损失需要弥补而军队需要扩大；一旦经受考验，身为农民和市民的骑兵又有了上升进入低等贵族的机会。军事的外部前提条件也逐渐发生了变化，因为特别是为了对付土耳其人和匈牙利人，人们需要大量的轻骑兵。在社会等级体系中轻骑兵并不重要，并且就这点而言对骑士来说不是威胁，然而同时，骑士在战争中的传统用途改变了，对地位和自我价值观念产生了显著的影响。因为单兵作战的骑士面对新兴的步兵部队（Infanterie）不再有任何用武之地，还必须同样在统一训练的、战术灵活并按照命令行动的编队中作战，结果战斗的骑士成了骑兵，也不再可以从其队列中突围出去寻找个体的对手。在这里也仍然保持着较老的惯例并假装具有延续性：像从前骑士小联队中的方旗骑士那样，现在贵族"重骑兵"带着骑马的帮手们到场，这些帮手用弓或者短矛战斗，并像以前的骑士侍从一样协助主人、照料辎重、护理马匹。不过逐渐地，报酬高并且对于军事统帅来说更好支配的雇佣骑兵（Soldreiter）的数量持续增长，以至于跟贵族的采邑征召的关系也相应地改变了。骑士在战场上逐渐成为少数。

如果说骑士军事上的重要性从 15 世纪后半叶起明显降低，那原因绝对不在于雇佣服役本身，因为从 12 世纪起大量的雇佣骑士就到处存在，同样较大的步兵编队也并不罕见，这些人统一受雇，并且在战争后也待在一起。可怕的布拉班特雇佣兵（Brabanzonen）在 12 世纪后半叶就已经这样做，同样还有英法百年战争中听命于公认首领的"大部队"。当雇佣军手持长矛在纪律严明的瑞士方阵中出现并令骑兵几乎无法攻破时，将他们投入战斗才改变了所有习以为常的战争规则。这些纯粹以战斗为职业的雇佣兵部队，它们的指挥官作为自由的企业主来行事，没有荣誉或者效忠宣誓带来的伦理束缚；他们考虑事情理性而功利，期望部队对于他们的命令绝对服从。替代"骑士的"美德的是"军人的"美德。因此，骑士制度在军事上崩溃的最重要原因在于一种新的指挥结构和与它必然地联系在一起的纪律化，在于邦君的军事集权化和从 15 世纪下半叶起常备军的设立。充其量重骑兵坚持了骑士传统，直到重骑兵也消失在三十年战争的混乱中。

不过，危险还以别的方式威胁着骑士。无论是得以巩固的西欧君主国还是德国的邦国君主（Territorialherren），都必然要将自由的骑士阶层置于一种组织日益完善的国家管理之下，从而剥夺其传统自治权的主要部分。这方面最早的尝试在中世纪盛期就已经开始了。当腓特烈一世巴巴罗萨重又考虑努力实施《帝国领地和平法令》时，他想要以此为一种统辖整个帝国的国王司法权做准备。和平法令限制了私战的进行或者至少是规范了这种争斗，对骑士阶层的传统权利意味着侵犯，骑士阶层既应恪守宫廷文化的理想又要被其所驯化。在政治上和法律上，腓特烈一世的《帝国领地和平法令》都是一种成功，因为从此以后几乎所有的统治者在他们执政之初都就维护和平发表了纲领性的声明。1152年和1158年的《帝国领地和平法令》被作为典范广泛传播并被中世纪法学吸收采纳，然而实践的结果却没有那么令人印象深刻。虽然人们把想要继续行使私战权利的骑士判处为领地和平的破坏者，但即使1495年的《帝国领地和平法令》正式废除了这种以武力进行自卫的权利，也未能完全消除私战。新的经济区域的建立有赖于人们能够安全地自由行动，而城堡就像一个过去了的时代留下的令人厌烦的遗物一样过久地耸立于这块区域；因为以固定居所为中心，骑士贵族不仅压迫着农民，而且也通过任意的关税和夺取金钱、商品或者挽畜妨碍了经商的市民阶层。领地和城市反对贵族的起义，例如所谓的法国北部的扎克雷起义（Jacquerie，1358），并不能改善这种状况；因为面对这些威胁，领主们停止了他们相互之间的私战并一致反对叛乱者，而在披甲骑士军队的胜利中贵族统治得到了加强。

　　鉴于这种情况，中世纪晚期和近代早期形成国家权力的所有尝试能否成功，都取决于是否成功地抽走骑士阶层生存的基础，他们具有私战权、等级司法权和迄今为止由合作团体所代表行使的其他权限。在等级司法权方面，限制从腓特烈二世就已经开始了，他在《奥古斯都法》（Liber Augustalis，1231）的法令中给予西西里王国的骑士这项权利：只有同等级者可以对他们做出判决；不过同时他要求在法庭上有皇帝的官员在场，只有他们才必然使同等级者的判决具有法律效力。从此以后，骑士只保留军事任务，以至于骑士的价值和重要性都被降低了。通过"骑士出身"原则，皇帝就已经把骑士固定到了低等贵族上。在阿尔卑斯山以北中世纪晚期的帝国中，拥有骑士身份的帝国家臣从13世纪后半叶起由于国王的软弱失去了他们合法的领主，并因此也逐渐失去了他们的作用，以至于邦国主权势力（Territorialgewalten）能够接纳他们为自己服务。在那里，曾经的帝国家臣遇到邦君的低等贵族助手，并像这些人一样，被用作自身不具备对农民的统治权的采邑骑兵或者宫廷官员。不过在较大领主的身边，出身市民的博学的顾问和管理人员，即高级学校和大学的毕业生，很快就占了优势。如果作为高等贵族成员的王侯允许的话，也许邦国的贵族就会被这些新的职能精英完全从宫廷中排挤出去了。不过现在出现了通过邦君进行的贵族封授，邦君以此迈出了将贵族纳入国家建构体系的第一步。如果人们将这种趋势与军事体制和战争技术的发展一起来看，就会很清楚，骑士团体和马上比武团体长此下去不可能是保卫低等贵族自主权的堡垒。就算是用自己的资源甚至是用暴力，他们都不能对抗邦君的管理和经济发展所带来的制约。在作战、私战和抢劫的流畅过渡中，处于弱势的人败落，这些人长时间仍然不愿融入新体制，并坚持那些权利，在这期间行使这些权利已经成为不正当行为："拦路抢劫的骑士(Raubritter)"是国家和社会的现代化进程中骑士制度遗留下的最后的东西。与骑士一起消亡的是传令官，因为在王侯支配等级和荣誉的地方，人们不再需要他们了。在新式军队的战争中，不再需要一名传令官去识别纹章。

　　在形成由国家垄断武力使用权的公民社会的最初阶段，王侯和大领主的宫廷也相应地发生了变化。在那里，骑士的－宫廷的文化逐渐改变，到最后，它"宫廷的－公民的"方面占据优势，而"骑士的－军事的"方面被边缘化，虽然在宫廷服役中纪律很快就像在军队中一样有价值。博学的诗人厄斯塔什·德尚（Eustache Deschamps，逝世于1407年前）在奥尔良（Orléans）和勃艮第的宫廷中有亲身经历，他忍受失去自由之苦并尖刻地说，人们在宫廷中必须像一个奴隶一样听命行事（*comme serf faut aller et venir*）；还有乌尔里希·封·胡滕（Ulrich von Hutten，逝世于1523年），他对强迫人们脱帽下跪并以铃声宣布服务开始的宫廷礼节充满愤慨。老式的家族骑士卫队（*mesniee*）消失了，因为取而代之的职业卫队负责领主及其宫廷的安全，这首先发生在勃艮第和法国，1490年起在洛林，1506年起在教皇的罗马教廷。武器和教育（*arma et litterae*）的结合，如同它从古希腊时期起作为理想被要求并能够由英雄以勇敢（*fortitudo*）并配合智慧（*sapientia*）来实践一样，在人们于中世纪盛期就已经将其作为问题提出并表述为分别体现两个世界的骑士和教士的相互竞争的对立之后，最终成为争论的对象。如果说特鲁亚的克雷蒂安还在召唤骑士阶层（*chevalerie*）和教士阶层（*clergie*）的联合，如同它在法国发展到尽善尽美一样，那么现在砝码快速而明显地移动了。在1270—1280年之间，让·德·默恩（Jean de Meung）写了寓意性的《玫瑰传奇》（*Roman de la Rose*）的第二部分，它对于这部作品持续到16世纪的成功十分重要。在书中，他要求知识分子证明自己是"科学的骑士"（*chevalerie le letreüre*），这除了宣告一种比军事贵族优越的精神贵族之外，不指其他任何东西。如果说这种地位之争从15世纪起成为了被讨论最多的文学主题之一，那么这一方面是因为骑士贵族面临危机，他们丧失了保障国王和王侯进行统治的优越地位，而这有利于其他的军事力量，另一方面是因为在宫廷服役中在法律和文学方面受过教育的人的社会声望显著提高。艾伊尼阿斯·西尔维乌·皮科洛米尼（Enea Silvio Piccolomini，逝世于1464年）在深造之后成为了皇帝腓特烈三世（Friedrich Ⅲ）的文书室秘书，并于1458年成为了教皇庇护二世（Pius Ⅱ），他1459年在为巴塞尔（Basel）大学签发的创办许可证书中写到，研究科学可以提高低出身者的地位并能使他们成为贵族。从13世纪起，一名获得学位的法学学生就已经可以同骑士出身的贵族一样被称为*dominus*（主人）。如果博学的意大利人文主义者有时声称武器比科学有优先地位，那么他们这样做不是为了骑士阶层，而是考虑到他们的城市共和国的安全，为一种现代化的军事体制进行论证。只有在集两者于一身的完美王侯的理想形象中，对立才被消除，不过这样一位王侯不再是骑士，而是一名具有全面文化教养的统帅。

在这些各种各样相互交织的变化过程中，骑士文化失去了作为精英的主流文化的地位，而其载体在政治上被君主的和邦君的权力排挤，这种权力不再容忍自己身边有别的权力。国王和王侯不再需要只专注于宫廷的社会吸引力和展示性的整合能力，他们也能够使宫廷成为政府事务的中心。有时，国王在更早的时候就已经摆脱了骑士思想，尤其是在法国，在那里一生被神经痛折磨的智慧的查理五世（Karl Ⅴ，1364—1380年在位）毋宁说更像是个学者；或者神圣的路易九世（Ludwig Ⅸ，1226—1270），尽管他为十字军东征的思想投入精力，但他更多地还是一位和平国王（*rex pacificus*），一位促成和解的国王，而不是一名基督武士（*miles Christi*）。在15世纪后半叶甚至之后，重视骑士风范也很普遍，但这种重视日益成为对于传统的维护，有时甚至被讽刺性地打破。一个在其重要性上被作战和军事体制的新形式削弱的骑士阶层，最后被王侯宫廷中在文学或法律方面受到专业训练的顾问和官员的自信战胜；在这些顾问和官员面前，贵族和城市中过着贵族生活的城市新贵也要退避三舍。人们比从前更经常地在协商中寻求解决冲突，首先寄希望于论据有利，并在之后才寄希望于武器锋利，而此时武器掌握在王侯军队的手中。一个对抗骑士贵族、受到国家保护的公民社会逐渐形成。

参考书目

Überblickswerke

Die beste deutschsprachige Einführung in zentrale Sachgebiete und in den Stand der Forschung schrieb WERNER PARAVICINI, *Die ritterlich-höfische Kultur des Mittelalters*. (Enzyklopädie deutscher Geschichte 32.) München 1994. Als Ergänzung nützlich: JOSEF FLECKENSTEIN, *Vom Rittertum im Mittelalter. Perspektiven und Probleme*. Goldbach 1997. Eine gut lesbare, aspektreiche und quellennahe Gesamtdarstellung mit westeuropäischem Schwerpunkt gab MAURICE KEEN, *Das Rittertum*. Düsseldorf ²1999 (engl.: *Chivalry*. London 1984); für Deutschland JOSEF FLECKENSTEIN, *Rittertum und ritterliche Welt*. Berlin 2002. Wichtige Beiträge zu allen Aspekten des Themas enthalten die *Papers of the Strawberry Hill Conferences*. Hg. CHRISTOPHER HARPER-BILL/RUTH HARVEY (ab Bd. 5: STEPHEN CHURCH/RUTH HARVEY): *The Ideals and Practice of Medieval Knighthood* (ab Bd. 4: *Medieval Knighthood*). Bisher 5 Bde. Woodbridge 1986/88/90/92/95. Zur Sache und zur Forschungsgeschichte, mit umfangreicher Bibliographie bis 1975 einschließlich: ARNO BORST (Hg.), *Das Rittertum im Mittelalter*. Darmstadt 1976. Über Nachleben und Nachwirkung des Rittertums MARK GIROUARD, *The Return to Camelot. Chivalry and the English Gentleman*. London 1981, und HUBERTUS SCHULTE HERBRÜGGEN (Hg.), *Das Ritterbild in Mittelalter und Renaissance*. (Studia humaniora, Bd. 1.) Düsseldorf 1985.

Lehnsgesellschaft

Die klassischen Überblickswerke sind immer noch MARC BLOCH, *Die Feudalgesellschaft*. Berlin 1982 (frz.: *La société féodale*. Paris 1939), und FRANÇOIS LOUIS GANSHOF, *Was ist das Lehnswesen?* Darmstadt ⁴1975 (frz.: *Qu'est-ce que la féodalité?* Brüssel 1944). Über die Ministerialen THOMAS ZOTZ, *Die Formierung der Ministerialität*, in: Stefan Weinfurter (Hg.), Die Salier und das Reich, Bd. 3. Sigmaringen 1991, S. 3–50; zur Gesellschaftstheorie OTTO GERHARD OEXLE, *Tria genera hominum. Zur Geschichte eines Deutungsschemas der sozialen Wirklichkeit in Antike und Mittelalter*, in: Festschrift Josef Fleckenstein. Sigmaringen 1984, S. 483–500. Eine kritische Bestandsaufnahme der Forschung über die Entstehungsbedingungen des Rittertums gab FRANZ-REINER ERKENS, *Militia und Ritterschaft. Reflexionen über die Entstehung des Rittertums*, in: Historische Zeitschrift 258 (1994), S. 623–659. Die bahnbrechende Studie zum Bedeutungswandel des *miles*-Begriffs kam von GEORGES DUBY, *La société aux XIᵉ et XIIᵉ siècles dans la région mâconnaise*. Paris 1953; die deutschen Belege für *ritter/rîter* finden sich bei JOACHIM BUMKE, *Studien zum Ritterbegriff im 12. und 13. Jahrhundert*. Heidelberg ²1977. Das Standardwerk zur christlichen Theorie von Krieg und Kriegertum bis 1100 schrieb CARL ERDMANN, *Die Entstehung des Kreuzzugsgedankens*. Stuttgart 1935; zum Einfluß des Rechts auf Krieger und Kriegführung KARL LEYSER, *Early Medieval Canon Law and the Beginnings of Knighthood*, in: Festschrift Josef Fleckenstein. Sigmaringen 1984, S. 549–566. Die Beziehung der Ministerialität zum Rittertum untersuchte BENJAMIN ARNOLD, *German Knighthood, 1050–1300*. Oxford 1985.

Kreuzzüge, Ritterorden, Reisen

HANS EBERHARD MAYER, *Geschichte der Kreuzzüge*. Stuttgart ⁸1995. JOSHUA PRAWER, *Crusader Institutions*. Oxford 1980. JOSEF FLECKENSTEIN/ MANFRED HELLMANN (Hg.), *Die geistlichen Ritterorden Europas*. Sigmaringen 1980. MALCOLM BARBER, *The new Knighthood. A History of the Order of the Temple*. Cambridge 1994. HARTMUT BOOCKMANN, *Der Deutsche Orden. Zwölf Kapitel aus seiner Geschichte*. München 1981. Einen gut lesbaren Gesamtüberblick findet man bei ALAIN DEMURGER, *Die Ritter des Herrn. Geschichte der geistlichen Ritterorden*. München 2003. WERNER PARAVICINI, *Die Preußenreisen des europäischen Adels*. (Bisher) 2 Bde. Sigmaringen 1989/95. WERNER PARAVICINI, *Fahrende Ritter. Literarisches Bild und gelebte Wirklichkeit im Spätmittelalter*, in: Marina Neumeyer (Hg.), Mittelalterliche Menschenbilder. Regensburg 2000, S. 205–254. DETLEV KRAACK, *Monumentale Zeugnisse der spätmittelalterlichen Adelsreise. Inschriften und Graffiti des 14.–16. Jahrhunderts*. Göttingen 1997.

Höfe, Hofkultur, Literatur

Über Theorie und Praxis des Hoflebens JOSEF FLECKENSTEIN (Hg.), *Curialitas. Studien zu Grundfragen der höfisch-ritterlichen Kultur*, Göttingen 1990, und WERNER PARAVICINI (Hg.), *Alltag bei Hofe*. Sigmaringen 1995 (mit Schwerpunkt auf dem Spätmittelalter). Die Anfänge beschreibt aus europäischer Perspektive, breit fundiert durch vornehmlich lateinische Quellen CHARLES STEPHEN JAEGER, *The Origins of Courtliness. Civilizing Trends and the Formation of Courtly Ideals, 939–1210*. Philadelphia 1985. Eine umfassende Darstellung mit Quellennachweisen vor allem aus der mittelhochdeutschen Literatur gab JOACHIM BUMKE, *Höfische Kultur. Literatur und Gesellschaft im hohen Mittelalter*. 2 Bde. München 1986. Zur Literatur L. PETER JOHNSON, *Die höfische Literatur der Blütezeit, 1160/70–1220/30*. (Geschichte der deutschen Literatur von den Anfängen bis zum Beginn der Neuzeit, Bd. 2,1.) Tübingen 1999; RETO R. BEZZOLA, *Les origines et la formation de la littérature courtoise en Occident, 500–1200. Troisième partie : La société courtoise: Littérature de cour et littérature courtoise*. 2 Bde. Paris 1963 (über England, Frankreich, die Kreuz-

fahrerstaaten und die normannischen Höfe in Sizilien); BEATE SCHMOLKE-
HASSELMANN, *Der arthurische Versroman von Chrestien bis Froissart*. Tü-
bingen 1980. Zur Literaturförderung JOACHIM BUMKE, *Mäzene im Mittel-
alter. Die Gönner und Auftraggeber der höfischen Literatur in Deutschland,
1150-1300*. München 1979; exemplarisch zum gesellschaftlichen Kontext
der Epik WILLIAM H. JACKSON, *Chivalry in Twelfth Century Germany. The
Works of Hartmann von Aue*. Cambridge 1994.

Abschließung des Ritterstandes

Zum ritterlichen Wertekanon als Adelsideologie GEORGES DUBY, *The Cul-
ture of the Knightly Class. Audience and Patronage*, in: Robert L. Benson/
Giles Constable, Renaissance and Renewal in the Twelfth Century. Oxford
1982, S. 248-262; die Geschichte der Rittererhebung findet man im Kon-
text der Ideengeschichte des Rittertums bei JEAN FLORI, *L'essor de la cheva-
lerie, XIe-XIIe siècles*. Genf 1986. Zwei musterhafte Ritter schilderten
DAVID CROUCH, *William Marshal. Court, Career and Chivalry in the Ange-
vin Empire, 1147-1219*. London 1990, und JEAN FLORI, *Richard Cœur de
Lion. Le roi-chevalier*. Paris 1999. Über Karrieren innerhalb der Ministeria-
lität JAN ULRICH KEUPP, *Dienst und Verdienst. Die Ministerialen Friedrich
Barbarossas und Heinrichs VI*. Stuttgart 2002. Zu den Adelsgesellschaften
HOLGER KRUSE/WERNER PARAVICINI/ANDREAS RANFT, *Ritterorden und
Adelsgesellschaften im spätmittelalterlichen Deutschland. Ein systemati-
sches Verzeichnis*. Frankfurt am Main 1991, und ANDREAS RANFT, *Adelsge-
sellschaften. Gruppenbildung und Genossenschaft im spätmittelalterlichen
Reich*. Sigmaringen 1994.

Materielle Kultur

Die noch immer größte (den Quellen gegenüber allerdings unkritische und
deshalb in der Beurteilung oft irreführende) Belegsammlung aus der gesam-
ten mittelhochdeutschen und großen Teilen der altfranzösischen Literatur
des 12./13. Jahrhunderts verdanken wir ALWIN SCHULTZ, *Das höfische Le-
ben zur Zeit der Minnesinger*. 2 Bde. Leipzig ²1889. Die modernen Ansätze
bei HELMUT HUNDSBICHLER u. a. (Hg.), *Die Vielfalt der Dinge. Neue Wege
zur Analyse mittelalterlicher Sachkultur*. Wien 1998. Über die Technologie
der Waffen ALAN WILLIAMS, *The Knight and the Blast Furnace. A History
of the Metallurgy of Armour in the Middle Ages and the Early Modern Peri-
od*. Leiden 2003. Zu Burg und Burgenbau HORST WOLFGANG BÖHME u. a.
(Hg.), *Burgen in Mitteleuropa. Ein Handbuch*. 2 Bde. Stuttgart 1999; zur
Beziehungsgeschichte CORD MECKSEPER, *Ausstrahlungen des französischen
Burgenbaus nach Mitteleuropa*, in: Festschrift Hans Wentzel. Berlin 1975,
S. 135-144; als Fallstudie KURT ANDERMANN, *êre – güete – minne. Die Bur-
gen des Wimpfener Reichsforstes*, in: Deutsches Archiv für Erforschung des
Mittelalters 54 (1998), S. 97-117. Über Pferde JOHN CLARK (Hg.), *The me-
dieval horse and its equipment, c. 1150-c. 1450*. London 1995, und ANNE

HYLAND, *The medieval warhorse from Byzantium to the crusades.* Phoenix Mill 1994. Zu Krieg und Kampftechnik PHILIPPE CONTAMINE, *La guerre au moyen âge.* Paris ⁶2003; über Kampfspiele und ihre Beurteilung JOSEF FLECKENSTEIN (Hg.), *Das ritterliche Turnier im Mittelalter.* Göttingen 1985. Das reich illustrierte Basiswerk moderner heraldischer Forschung stammt von MICHEL PASTOUREAU, *Traité d'héraldique.* Paris ²1993. Über Kleider und Textilien LEONIE VON WILCKENS, *Die textilen Künste. Von der Spätantike bis um 1500.* München 1991, und E. JANE BURNS, *Courtly Love Undressed. Reading Through Clothes in Medieval French Culture.* Philadelphia 2002; zur Geschenkkultur und zum Gabentausch exemplarisch SYBILLE SCHRÖDER, *Macht und Gabe. Materielle Kultur am Hof Heinrichs II. von England.* (Historische Studien, Bd. 481.) Husum 2004.

Das Ende der Ritterschaft

Zum Rittergedanken vor dem Hintergrund zweier sensibel erfaßter Jahrhunderte JOHAN HUIZINGA, *Herbst des Mittelalters. Studien über Lebens- und Geistesformen des 14. und 15. Jahrhunderts in Frankreich und in den Niederlanden.* Stuttgart ⁷1953. Über die Großen Kompanien des Hundertjährigen Krieges KENNETH FOWLER, *Medieval Mercenaries, Bd. 1: The Great Companies.* Oxford 2001. Die Spannung zwischen Rittertum und neuen Techniken der Kriegführung exemplarisch bei HERMANN WIESFLECKER, *Kaiser Maximilian, Bd. 5: Der Kaiser und seine Umwelt. Hof, Staat, Wirtschaft, Gesellschaft und Kultur.* München 1986, S. 501–562; zur neuen Heeresverfassung HANS-MICHAEL MÖLLER, *Das Regiment der Landsknechte. Untersuchungen zu Verfassung, Recht und Selbstverständnis in deutschen Söldnerheeren des 16. Jahrhunderts.* Wiesbaden 1976. Ritterschaft und Territorialstaat: JOACHIM SCHNEIDER, *Spätmittelalterlicher deutscher Niederadel. Ein landschaftlicher Vergleich.* Stuttgart 2003. Zum Verhältnis von Kriegertum und Bildung sowie zur neuen höfischen Zivilgesellschaft AUGUST BUCK, *«Arma et Litterae» - «Waffen und Bildung». Zur Geschichte eines Topos.* (Sitzungsberichte der Wissenschaftlichen Gesellschaft an der Johann Wolfgang Goethe-Universität Frankfurt am Main, Bd. 18,3.) Stuttgart 1992. Die Konstruktion des Bildes vom idealen Patron höfischer Kultur der Renaissance analysierten BERND ROECK/ANDREAS TÖNNESMANN, *Die Nase Italiens. Federico da Montefeltro, Herzog von Urbino.* Berlin 2005.